Geschichte und Geschehen

Abiturtrainer

Stefanie Schneider (Recklinghausen)
Martin Wicke (Escazú)
Hartmann Wunderer (Wiesbaden)

Ernst Klett Verlag
Stuttgart · Leipzig

Umschlagbild: Die Berliner Siegesäule trägt eine von Friedrich Drake geschaffene Bronzeskulptur in Form einer weiblichen Figur, der Viktoria. Sie hält in der Rechten einen Lorbeerkranz in die Höhe, in der Linken ein Feldzeichen mit dem Eisernen Kreuz und ihr Helm ist mit Adlerflügeln geschmückt. Viktoria ist in der römischen wie analog in der griechischen Mythologie Nike die Siegesgöttin. Beide werden geflügelt dargestellt. Ihr Adlerhelm lässt die Viktoria auf der Siegessäule auch als Borussia, die Personifikation Preußens, erscheinen. Friedrich Drake entwarf die Figur nach dem Modell seiner Tochter Margarethe, hergestellt wurde die 8,30 Meter hohe und 35 Tonnen schwere Bronzefigur durch den Berliner Bildgießer Hermann Gladenbeck. Sie wurde 1954 restauriert und von der Friedenauer Bildgießerei Hermann Noack neu vergoldet. 1989 wurde sie abermals restauriert.

Bildquellennachweis
Umschlagbild © Corbis (Fabrizio Bensch/Reuters), Düsseldorf; **Seite 65** Klett-Archiv (Lorenz Richter), Stuttgart

1. Auflage 1 6 5 4 3 2 1 | 16 15 14 13 12

Autorinnen und Autoren: Stefanie Schneider: Operatorenübersicht, Martin Wicke: Methodenglossar, Dr. Hartmann Wunderer: Elementarwissen

Redaktion: Lorenz Richter, Tim Schmalfeldt (Berlin), Björn Opfer-Klinger
Herstellung: Krystyna Schütze

Satz: Endless Creative – Holm Klix, Leipzig
Reproduktion: Meyle + Müller, Medien Management, Pforzheim
Illustrationen/Grafiken: Sandy Lohß, Chemnitz; Holm Klix, Leipzig
Druck: Offizin Andersen Nexö, Leipzig

Printed in Germany
ISBN 978-3-12-430003-4

9 783124 300034

Inhalt

Einleitung – Abiturvorbereitung mit dem Elementarwissen

Liebe Schülerinnen und Schüler,
die kommenden Seiten dieses Hefts wurden für Sie entwickelt, damit Sie sich zielsicher auf die mündliche oder schriftliche Abiturprüfung im Fach Geschichte vorbereiten können. Doch auch wenn gerade das folgende Elementarwissen dazu einlädt, die Inhalte für das Zentralabitur zu „pauken", sollten Sie eines im Blick behalten: Mit reiner Vielwisserei und dem Abspulen-Können auswendig gelernter Fakten können Sie die „big points" eines Abiturs in Geschichte nicht machen. Denn der Geschichtsunterricht in der Oberstufe stellt höhere Anforderungen. Er zielt darauf ab, bei Ihnen ein Geschichtsbewusstsein zu erzeugen, das wissenschaftlich rational, erfahrungs- und quellengestützt ist und Sie zu kritischen, begründeten Urteilen befähigt. Es liegt auf der Hand, dass man mit Faktenwissen allein solche Ziele nicht erreichen wird. Insofern ist das Pauken mit dem Elementarwissen kein Ersatz für Ihren Geschichtsunterricht und die Arbeit mit Text- und Bildquellen, kein Ersatz für das Training der Methoden der Quelleninterpretation und des Fällens und Begründens fundierter Sach- und Werturteile über historische Fragen.

Gleichwohl kann Ihnen das Elementarwissen gute Dienste leisten. Sie können sich schnell darüber informieren, was Sie in den letzten zwei Jahren gelernt haben: Auf der linken Seite finden Sie für jedes Unterthema einen zusammenfassenden Text, der die wichtigsten Ereignisse, Strukturen und Prozesse des Unterthemas rekapituliert. Auf der rechten Seite stehen übersichtliche Visualisierungen dieser Inhalte nach der Art ausführlicher Schaubilder.
Bitte beachten Sie bei der Vorbereitung auf das Abitur mit dem Elementarwissen – wie überhaupt in der gesamten Phase der Abiturvorbereitung –, dass der Überblick wichtiger ist, als es die Details sind. Wenn Sie versuchen, sich besonders viele Einzelheiten zu merken, kann es leicht passieren, dass Sie „den Wald vor lauter Bäumen nicht mehr sehen". Dann haben Sie, trotz vieler Details, eine weitere Chance auf „big points" verschenkt, denn im Abitur ist es – um im Bild zu bleiben – von größerer Wichtigkeit, sich zwischen Wäldern bewegen zu können als zwischen Bäumen. Vielleicht mögen Sie Albert Einsteins Erkenntnis beherzigen, dass Bildung das ist, was übrig bleibt, wenn man alles vergessen hat.

1.1 Griechenland: Oikos und Polis

Auch bedingt durch die spezifische Landesnatur und Topographie bildeten sich in Griechenland zahlreiche Poleis (Stadtgemeinschaften) heraus, die durch die gemeinsame Sprache, Kultur und Religion verbunden waren. Grundlage der Poleis war die patriarchale und autarke Hausgemeinschaft des Oikos. Die politische Struktur unterschied sich aber in den einzelnen Stadtstaaten erheblich. In Griechenland wurden verschiedene politische Ordnungsmodelle entwickelt, praktisch erprobt und theoretisch diskutiert: die Monarchie, Aristokratie, Timokratie (die Herrschaft der Besitzenden/Reichen), die Tyrannis (spezielle Art der Monarchie, die jedoch nicht unbedingt negativ bewertet wurde) und schließlich – vor allem in Athen – die Demokratie. Daneben existierten verschiedene Mischformen wie etwa die Oligarchie (Herrschaft der Wenigen) oder die Ochlokratie („Pöbelherrschaft").

Die Tyrannis entstand häufig aus einer Krise der Aristokratie, wenn ein (charismatischer oder militärisch erfolgreicher) Adliger die Macht an sich riss, die Macht anderer Adliger beschnitt und das Gemeinwesen ordnete bzw. die unterschiedlichen sozialen und ökonomischen Interessen neu ausbalancierte.

Politische Ämter wurden in den Poleis nicht selten auf Zeit vergeben, bisweilen sollten sich die Amtsinhaber gegenseitig kontrollieren bzw. in ihrer Macht beschränken. Daneben gab es die Volksversammlung, bei der Frauen, Zugewanderte (Metöken) und Sklaven weder Stimm- noch Rederecht hatten. Amtsträger wurden durch Erbrecht, Wahl oder Los bestimmt. Um allen berechtigten Bürgern die Teilnahme am politischen Geschehen zu ermöglichen, wurden in Athen später auch Diäten (Tagegelder) eingeführt.

In Athen kamen alle verschiedenen politischen Ordnungsmodelle nach und nach zur Anwendung: die aristokratische Form, die Tyrannis und die Demokratie. Bürger, die im Verdacht standen, zu viel Einfluss auf das Gemeinwesen oder gar die Alleinherrschaft erlangen zu wollen, konnten durch das Scherbengericht (Ostrakismos) in eine zeitlich befristete Verbannung geschickt werden. Wie das Beispiel Perikles zeigt, konnten trotz der demokratischen Strukturen bestimmte Persönlichkeiten aber auch zeitweise eine politisch überragende Stellung einnehmen.

Der Sieg über das mächtige Perserreich 490 ließ Athen zum geistig-kulturellen und politischen Zentrum in Griechenland aufsteigen, das seine Stellung durch den prachtvollen Ausbau der Akropolis demonstrierte. Nach dem Peloponnesischen Krieg gegen Sparta (431–404) verlor Athen aber seine führende politische Stellung, auch die athenische Demokratie wurde durch die Siegermacht Sparta beseitigt.

Die athenische Demokratie wurde zunächst wieder zugunsten der Herrschaft eines dreißigköpfigen Rats beseitigt. Im 4. Jahrhundert setzte sich die Demokratie erneut durch. Infolge der Abschaffung der Diäten aber unter Dominanz der wohlhabenden Vollbürger.

1 ½ Jahre Oberstufenunterricht bis zum Abitur

Kompetenzerwerb:
Sachkompetenz
Handlungskompetenz
Methodenkompetenz
Urteilskompetenz

angeeignet durch:
- Unterricht
- Schülerbuch
- Exkursionen
- eigene Lektüre
- kritisches Hinterfragen der Umwelt (Filme, geschichtliche Computerspiele, Ausstellungen …)

→

Die Wochen der Abiturvorbereitung

1. eigene Unterlagen
- Schulbuch
- Mitschriften aus Unterricht
- aufgehobene Hausaufgaben
- Kopien der Lehrkraft

2. Abiturtrainer
- Elementarwissen
- Methodenglossar
- Operatorenübersicht

→

Erfolgreiches Abitur!

dazu nötig:
- vertiefte Erkenntnisse der deutschen, in Teilen der europäischen und außereuropäischen Geschichte (Zusammenhänge und Entwicklungsprozesse verstehen)
- Kenntnis um das „Handwerk" des Historikers (Quellenanalyse, historische Fragestellungen)
- Fähigkeit, Klausuren erfolgreich zu bearbeiten (Aufgaben und Operatoren verstehen, Quellenanalyse, angemessenen Text verfassen, historisches Urteil fällen)
- eigenes Geschichtsbewusstsein

Idealtypisch vereinfachte Darstellung der politischen Entwicklung in Athen

Aristokratie
- politische Macht bei grundbesitzendem Adel 7./8. Jh. v. Chr.

↓

Reformen Solons
(Anfang 6. Jh. v. Chr.)
- stärkerer Einbezug der vermögenden Bürger in die politischen Entscheidungsprozesse

↓

Tyrannis
- Alleinherrschaft erfolgreicher Heerführer/charismatischer Adliger (561–510 v. Chr.)

→

Reformen des Kleisthenes
- stärken Interessenvertretung aller Bürgerschichten (508/507 v. Chr.)

→

Radikale Demokratie
(etwa 462–404 v. Chr.)
- Vollbürger bilden Vollversammlung, aus der heraus befristete Regierung gestellt wird
- Einführung von Diäten
- „Scherbengericht" verhindert Alleinherrschaft eines Politikers

↑

Demokratie
(5./4. Jh. v. Chr.)
- stärkerer Einbezug der vermögenden Bürger in die politischen Entscheidungsprozesse

1.2 Von der Res publica zum Kaiserreich

Nach zahlreichen Kriegen im 3.–5. Jahrhundert v. Chr. mit seinen unmittelbaren Nachbarn errang die Stadtrepublik Rom die Herrschaft in Mittelitalien. Nach weiteren äußerst verlustreichen Konflikten mit den Kelten im Norden und im Süden mit Karthago konnte sie ihren Herrschaftsbereich im 2. und 3. Jahrhundert v. Chr. weit über Italien hinaus nach Nordafrika und Griechenland ausdehnen. Dadurch verschoben sich auch die sozialen Verhältnisse und die Machtstrukturen im Innern des wachsenden Reichs. Die wehrpflichtigen Bauern, die durch die langwierigen Kriegseinsätze ihre Höfe nicht mehr versorgen konnten, verarmten. Schließlich wurde die Bürgerarmee in eine Berufsarmee umgewandelt (Heeresreform des Marius). Die neuen Berufssoldaten standen jedoch in erster Linie loyal zu ihrem jeweiligen Feldherrn, der sich um ihre materielle Versorgung nach ihrer Dienstzeit kümmerte, und weniger zum römischen Staat. Die Verfügung über eine ihrem Anführer treu ergebene Armee wurde so zu einem zentralen Machtinstrument erfolgreicher Feldherrn (Marius, Sulla, Pompejus, Cäsar), die ihre Machtrivalität in einem langen Bürgerkrieg im letzten vorchristlichen Jahrhundert austrugen. Dazu trug bei, dass sich die sozialen Spannungen im 1. und 2. Jahrhundert v. Chr. stark verschärft hatten und den bisherigen gesellschaftlichen Konsens der Republik infrage stellten.

Mittlerweile hatte sich eine Mischverfassung herausgebildet, die monarchische (Rolle der Konsuln), aristokratische (Macht des Senats) und demokratische Züge (Volksversammlungen) aufwies. Immer öfter erhielten jedoch erfolgreiche Feldherren diktatorische Vollmachten.

Im Laufe eines erneuten Bürgerkriegs nach der Ermordung Caesars (44 v. Chr.) konnte sich schließlich dessen Adoptivsohn Oktavian (Augustus) gegen die Anhänger der Senatspartei durchsetzen. Augustus errichtete zwar formal die früheren republikanischen Institutionen wieder neu, de facto erlangte er aber eine zunehmend monarchische Machtposition. Unter seinen Nachfolgern wurde das römische Imperium endgültig zum Kaiserreich.

Nach Zeiten mehrerer Verfolgungswellen wurde das Christentum von Kaiser Konstantin 313 zunächst offiziell anerkannt und von Kaiser Theodosius 381 schließlich zur Staatsreligion erhoben. In der Folgezeit entwickelte sich dadurch eine neue religiöse Herrschaftslegitimation, die auch nach dem Untergang (West)Roms unter den neuen Germanenreichen weiterwirkte.

Bereits 395 war das Reich in zwei Teilreiche getrennt. Während Westrom an wirtschaftlichen und sozialen Schwierigkeiten sowie unter dem Druck einwandernder Völkerschaften Ende des 5. Jahrhunderts zusammenbrach, blieb Ostrom (Byzanz) noch weitere tausend Jahre eine wichtige Macht in Südosteuropa.

1.3 Der Dualismus von geistlicher und weltlicher Gewalt

Geistliche oder weltliche Gewalt? Welche der beiden Gewalten darf eine Vorrangstellung vor der anderen für sich reklamieren? Um diese Frage wurde jahrhundertelang erbittert zwischen der römisch-katholischen Kirche und dem römisch-deutschen Kaiser gestritten. Die Kirche gewann besonders im 10.–13. Jahrhundert in Westeuropa immer mehr an Macht und Einfluss. Im ehemaligen oströmischen Reich ging die griechisch-orthodoxe Kirche einen eigenen Weg.

Nach Vorbild der römischen Kaiser übernahmen auch der Frankenkönig Karl und später die deutschen Könige die Herrschaftslegitimation des „Gottesgnadentums", das erst wieder durch die europäische Aufklärung infrage gestellt wurde. Mit der christlich begründeten Herrschaftslegitimität gewann automatisch der Papst als Oberhaupt der Kirche an Bedeutung.

Bereits im 5. Jahrhundert, als der Papst erst begann, sich als Kirchenoberhaupt zu etablieren, wurde die „Zwei-Schwerter-Lehre" entwickelt. Diese besagte, Gott habe dem Kaiser ein weltliches und dem Papst ein geistliches Schwert verliehen. Je stärker sich die Stellung der Kirche festigte und an Besitz und Mitspracherechten gewann, je lauter propagierte das Papsttum, dass es sich bei dem weltlichen Schwert nur um eine abgeleitete Gewalt handele. Zum Konflikt kam es schließlich um die Frage, wer die Bischöfe einsetzen dürfe (Investiturstreit). Die Auseinandersetzung drehte sich jedoch bald auch darum, ob der Papst oder der römisch-deutsche Kaiser die höchste politische Instanz der christlichen Welt repräsentiere. Der auch mit Waffengewalt ausgetragene Konflikt stärkte zunächst die Stellung des Papsttums, dessen Ausdruck sich symbolisch im Bußgang von Heinrich IV. nach Canossa ausdrückte. Das Kaisertum büßte dadurch seine sakrale Aura ein. Schließlich mündete der Machtkampf 1122 im sogenannten Wormser Konkordat als vorläufigen Kompromiss, flammte allerdings bis zum Ende der Stauferdynastie 1268 immer wieder auf. Allerdings hatte am Ende nicht nur die Kaiserwürde, sondern auch das Papsttum viel seiner Autorität verloren. Im 14. Jahrhundert erlebte die katholisch Kirche zudem eine lange Zeit der Spaltung, als zeitweise mehrere Päpste mit Rückendeckung verschiedener Mächte (Frankreich, römisch-deutscher Kaiser etc.) miteinander rivalisierten („Abendländisches Schisma" 1378–1417). Innere Probleme des zunehmend verweltlichten Klerus kamen hinzu und riefen immer lautere Forderungen nach einer Reformierung der Kirche hervor, was schließlich Anfang des 16. Jahrhunderts in die Reformation mündete.

zunächst hohe Stabilität der Res Publica (509–29 v. Chr.):

- aristokratische Eliten konkurrierten friedlich um die politische Macht
- Kollegialitätsprinzip bei den hohen Beamten
- Interzessionsrecht – Zwang zum Kompromiss
- Annuitätsprinzip, Macht nur auf Zeit

zahlreiche Expansionskriege vermehren Wohlstand der aristokratischen Eliten

↓

... doch im Laufe der Zeit (etwa 140–30 v. Chr.):

- Verarmung der Bauern und sozialen Unterschichten während der Expansionskriege
- wird zunächst abgemildert durch Klientelwesen und Tribune
- Bürgerkriege der aristokratischen Eliten mit Hilfe loyaler Berufsarmeen
- schließlich: Republik wird abgelöst durch Prinzipat und Dominat

Papst

- Zwei-Schwerter-Lehre, beansprucht Vorrangstellung des Papstes
- verfolgt Kirchen- und Klosterreform
- will unabhängige Kirche
- Bischofsinvestitur sei kirchliche Aufgabe
- initiiert Kreuzzugsbewegung

↔

König/Kaiser

- stützt sich auf von ihm ernannte Bischöfe, will an Investitur festhalten
- muss bei Exkommunikation mit Fürstenopposition rechnen
- Fürsten drohen mit Neuwahl eines Königs

Exkommunikation des Kaisers (1076), Papsttum wird gestärkt

Bußgang nach Canossa (1077), Heinrich IV. sichert bedrohte Machtstellung

Wormser Konkordat (1122)

Kompromiss: König verzichtet auf Investitur, Bischofswahl aber in seinem Beisein, er verleiht Regalien

↓

Folgezeit: Kirche überdehnt ihren Machtanspruch; verliert an Autorität und Ansehen; kein Einfluss mehr auf deutsche Königswahl; kirchl. Reformversuche (Konstanz 1414) scheitern

1.4 Grundherrschaft und Lehnswesen

Im Mittelalter lebten nahezu alle Menschen auf dem Land und ernährten sich von den kümmerlichen Ernteerträgen, von denen sie einen Teil an die weltliche und geistliche Herrschaft abgeben mussten. Erst im Hochmittelalter konnten die Erträge durch neue Techniken, Anbaumethoden und die Erweiterung der Anbauflächen gesteigert werden. In vielen europäischen Regionen hatten sich die Bauern da jedoch bereits in die Abhängigkeit eines Adligen oder eines Klosters begeben müssen. So war es typisch für die bäuerliche Wirtschaftsweise, dass in der Regel das Besitz- und Nutzungsrecht an einem Stück Land nicht zusammenfielen. Stattdessen gab ein Grundherr einen Teil seines Landes an Bauern zur Bewirtschaftung aus und forderte dafür Abgaben und Dienste. Im Laufe der Zeit erlangten die Grundherren auch bestimmte Herrschaftsrechte gegenüber ihren Bauern, die zum Beispiel häufig „an die Scholle gebunden" waren, also das Land ohne Erlaubnis nicht verlassen durften. Diese ländliche Besitz- und Herrschaftsstruktur bestand teilweise, je nach Region, bis ins 19. Jahrhundert.

Es existierten zum Beispiel in Deutschland große regionale Unterschiede. Während in den mittleren und östlichen Reichsteilen die Grundherrschaft besonders stark ausgeprägt war, bewahrten im Norden und Südwesten viele Bauern ihre Freiheit.

Die mittelalterlichen Herrschafts- und Sozialbeziehungen waren ferner durch das Lehnswesen geprägt, das römische und germanische Wurzeln hat. Dabei war der Gefolgsmann seinem Herrn durch Treueid und Landleihe mit einem Lehen verpflichtet. Das Lehnswesen war hierarchisch strukturiert. Der oberste Lehnsherr war der König, auf der zweiten Ebene standen die Kronvasallen, die wieder Herren ihrer Untervasallen waren usw. Der Unterste in dieser Pyramide konnte selbst kein Lehen vergeben. Die jeweiligen Vasallen waren zur Stellung von Truppen verpflichtet. Der jeweilige Vasall war eidlich zur Treue, zu Rat und Hilfe gegenüber seinem Herrn verpflichtet, also zur „Heer- und Hoffahrt", dafür schuldete der Lehnsherr dem Vasallen „Schutz und Schirm". Der Belehnungsakt wurde öffentlich vollzogen. Das Lehnsverhältnis endete erst mit dem Tod des Herrn oder des Vasallen. Es konnten aber auch andere Rechtsgüter als Land verliehen werden, etwa das Münz-, Zoll- oder Jagdprivileg. In einem langen, konfliktreichen Prozess wurden diese Lehen, deren Besitzrecht zunächst beim Lehnsherrn verblieb, erblich, das heißt sie verblieben dauerhaft in der Familie des Lehnsnehmers.

1.5 Städte im Mittelalter

Im Zuge des Untergangs Westroms verfiel auch die römische Stadtkultur. Besonders in Mitteleuropa dauerte es Jahrhunderte, bis sich wieder größere Stadtsiedlungen entwickelten. Um diesen Prozess voranzutreiben, schließlich förderten Städte den Handel und die Wirtschaft, vergaben viele Herrscher umfangreiche rechtliche Privilegien (Markt- und Mauerrecht, Münzrecht, niedere Gerichtsbarkeit, gewisse Autonomie, Bürger genossen beschränkte Freiheitsrechte). Die bald wohlhabend werdenden Städte ließen sich jedoch nicht vollständig in das auf Grund- und Lehnsherrschaft basierende gesellschaftliche System integrieren. Bald kam es zu Konflikten zwischen Landesherren und nach Autonomie strebenden Städten. Aber auch in den Städten selbst vollzogen sich nicht selten Machtkämpfe zwischen dem adligen Stadtherrn und den Bürgern um die politische Macht, aber auch zwischen den verschiedenen städtischen Gruppen (Handwerkern und Patriziern).

Die meisten Städte blieben allerdings sehr klein und nur wenige mittelalterliche Städte hatten mehrere Zehntausend Einwohner. In den Städten schlossen sich Handwerker und Kaufleute zu Gilden und Zünften zusammen. Mithilfe dieser garantierten sie sich gegenseitigen sozialen und militärischen Schutz. Sie formulierten strenge Regeln für ihr Geschäfts- und Gesellschaftsleben sowie Qualitätsstandard, schirmten sich aber auch gegen Konkurrenz ab. Bürger einer Stadt war in der Regel nur, wer über Grund- und Hausbesitz verfügte. Ausgeschlossen davon blieben hingegen Tagelöhner, Gesellen und Angehörige „unehrlicher Berufe" (Henker, Prostituierte, Landsknechte und andere).

Städte beinhalteten viele verschiedene Rechtsgemeinschaften. So unterlagen zum Beispiel Geistliche und Klöster, aber auch Adlige nicht der städtischen Gerichtsbarkeit und Abgabenpflicht. Einen Sonderstatus hatten ferner die jüdischen Gemeinden. Zunächst als oft hoch qualifizierte und gut vernetzte Handwerker und Händler von den Stadtherren umworben, wurden sie im Laufe des Mittelalters und der zunehmenden Verchristlichung der Gesellschaft beruflich, rechtlich und sozial immer stärker ausgegrenzt.

Um ihren Handel und vor allem den Fern- und Seehandel zu schützen, bildeten viele Städte seit dem Spätmittelalter Städtebünde, wie zum Beispiel die Hanse. Diese Städte gewährten sich gegenseitig (militärischen) Schutz und Handelsprivilegien und verteidigten gemeinsam ihre ökonomischen Interessen. Da die Fernhändler in solchen Städten in der Regel auch den jeweiligen Stadtrat dominierten, konnten die Hansestädte erhebliche finanzielle und militärische Ressourcen mobilisieren. Seit der Reformationszeit sank die Bedeutung der Hanse und der übrigen Städtebündnisse, da die Landesfürsten an Macht und Einfluss gewannen.

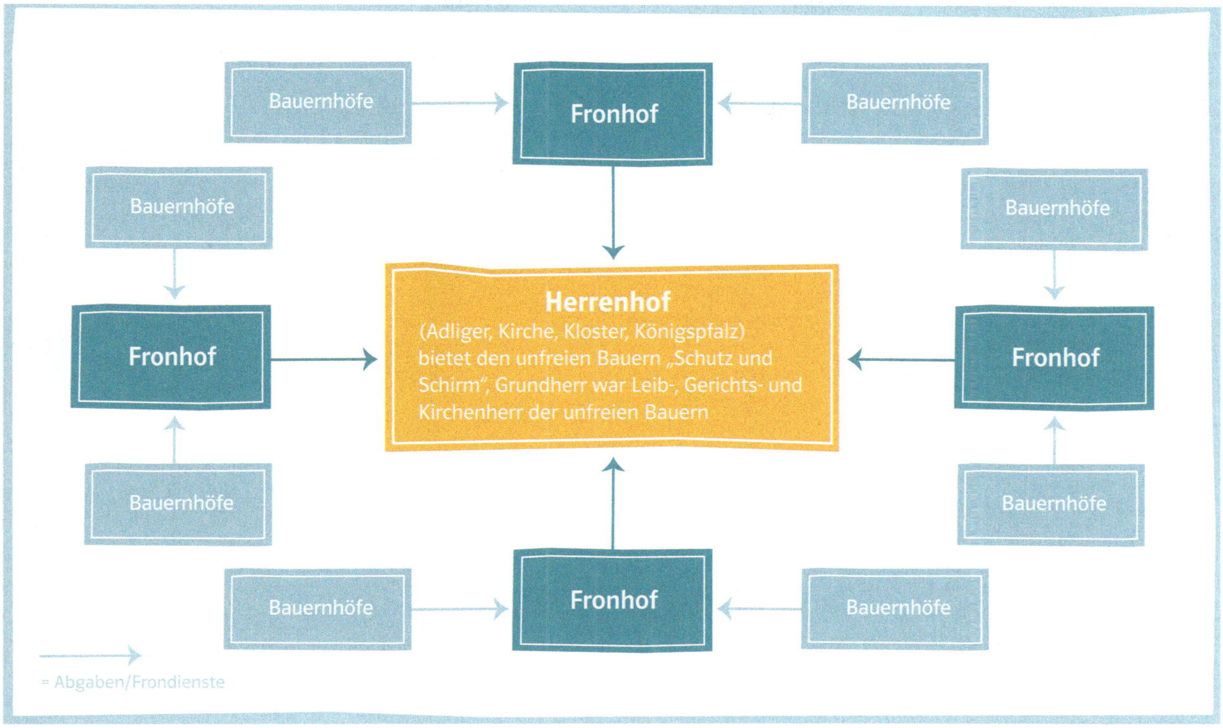

Entstehung oft in römischer Antike, Verfall im Frühmittelalter, viele Neugründungen im Hochmittelalter

Rechte:
- begrenzte Autonomie und persönliche Freiheiten
- Regalien: u. a. Mauer, Markt, Münze, Zoll
- konfliktträchtiges Stadtregiment: Patrizier/Zünfte/Gilden

Städtebündnisse bestimmen auch große Politik mit und sichern ökonom. Interessen

In Städten entwickeln sich Praktiken und Mentalitäten, die einen Fremdkörper in der Feudalgesellschaft bilden:
- höhere Wertschätzung von Arbeit
- Städte treiben soziale Differenzierung, Spezialisierung und Modernisierung voran
- Geld – anstelle von Tauschwirtschaft
- Ideal einer Gemeinschaft von rechtlich Gleichgestellten

1.6 Neues Welt- und Menschenbild

Im 14.–16. Jahrhundert entwickelte die gebildete (und reiche) soziale Oberschicht insbesondere in Italien, Spanien und in Mittel- und Westeuropa ein neues Selbstbewusstsein. Dieser Identitätswandel war eng mit ökonomischen Prozessen verbunden, aber auch mit einer Neuentdeckung antiken Wissens. („Renaissance"= Wiedergeburt)

Wichtige Impulse hierzu wurden dem Abendland durch den Kulturkontakt mit den muslimischen und jüdischen Gelehrten in Sizilien und in Spanien vermittelt, die einen beträchtlichen Wissensschatz aus der Antike aufgenommen und weiterentwickelt hatten. Andererseits flüchteten im Zusammenhang der türkischen Eroberung Konstantinopels (1453) viele Gelehrte nach Italien und Mitteleuropa und brachten dabei ihren neugierigen mitteleuropäischen Kollegen Abschriften von Texten antiker Autoren mit, die in den Kreisen der Humanisten auf größtes Interesse stießen.

Die Humanisten suchten und fanden bei den antiken Autoren ein sie faszinierendes Menschenbild, ein freies, unabhängig reflektierendes Individuum, das sich von traditionellen Autoritäten emanzipiert hatte. Um nun den Geist der antiken Texte voll erfassen zu können, gewann für Gelehrte neben dem Lateinischen nun auch das Griechische und Hebräische wieder an Bedeutung. Man erhoffte sich von der Auseinandersetzung mit den antiken Texten unter anderem Ideen für eine bessere und freiere, humane Gesellschaft („Humanismus"). Die Auseinandersetzung mit den Urtexten konnte auch den Blick dafür schärfen, welche Umdeutungen die biblische Botschaft durch die Lehre der katholischen Kirche in den letzten Jahrhunderten erfahren hatte. Humanisten wurden daher nicht selten zu scharfen Kritikern der Kirche und ihrer stark von religiösen Lehren geprägten Epoche. Begünstigt wurde dies durch den neuartigen Buchdruck. Zugleich reisten viele Humanisten quer durch Europa, um mit Gesinnungsgenossen Kontakt aufzunehmen.

Viele Künstler rückten nun das selbstbewusste, autonome Individuum in den Mittelpunkt und signierten wie selbstverständlich (im Gegensatz zu mittelalterlichen Künstlern) ihr Werk mit ihrem Namen. Nicht selten war mit diesen Portraits auch eine klare politische Botschaft verknüpft, ein Herrschaftsanspruch einer politischen Kommune, eines Adligen oder ein Machtanspruch eines gebildeten Bürgers, der nicht mehr länger bereit war, sich fremden Autoritäten zu unterwerfen. Das 15. und 16. Jahrhundert waren die große Zeit wohlhabender Städte und bürgerlicher Handelsgesellschaften.

1.7 Reformation

Bereits im Spätmittelalter wurde lebhafte Kritik an der katholischen Kirche geübt, die sich als „einzig wahre Kirche" durchzusetzen versuchte. Andere Glaubensgemeinschaften wurden als Ketzer verfolgt. Es entzündeten sich zunehmend Konflikte an theologischen Differenzen, an der kirchlichen Prachtentfaltung und dem Ablasshandel. Diese Missstände wurden unter anderem von Martin Luther kritisiert. Der reformatorische Protest verband sich nicht selten mit sozialrevolutionären Zielsetzungen. Er kam in der Ausrufung eines „Gottesreichs" durch Thomas Müntzer und in den Bauernkriegen zum Ausdruck. Beide Bewegungen wurden von den Fürsten militärisch niedergeschlagen.

Jene Fürsten, die sich der protestantischen Reformbewegung anschlossen, erlangten von Kaiser Karl V. eine vorübergehende Duldung. Nach mehreren militärischen Kämpfen zwischen den rivalisierenden Konfessionen kam es 1555 in Augsburg zu einem Religionsfrieden, der den Landesherren das Recht der Festlegung der Konfession in ihrem Territorium zubilligte.

Die Reformation verbreitete sich rasch auch in anderen europäischen Ländern wie den skandinavischen Staaten, der Schweiz und in Frankreich (Hugenotten). Der englische König nutzte Differenzen mit dem Papst zur Einführung der anglikanischen Kirche.

Die katholische Kirche musste auf die Ausbreitung der neuen Lehre reagieren. Auf einem Reformkonzil in Trient (zwischen 1545–1563) wurde eine einheitliche Liturgie festgelegt, die Autorität des Papstes und der Bischöfe neu bestimmt sowie der Ablasshandel verboten. Der neu gegründete Jesuitenorden und andere Gemeinschaften konnten manche protestantisch gewordenen Regionen für die katholische Kirche zurückgewinnen.

Das katholische und das protestantische Lager schlossen sich jeweils politisch und militärisch in der Katholischen Liga und in der Protestantischen Union zusammen. Die vielfältigen Spannungen eskalierten schließlich 1618–1648 in einer Reihe von Kriegen, die als „Dreißigjähriger Krieg" in die Geschichte eingingen. Diese Konflikte weiteten sich zu einem europäischen Machtkampf (Frankreich/Schweden – Habsburg) aus. Der Machtkampf fand erst 1648 im Westfälischen Frieden sein Ende. Er bestätigte weitgehend die Bestimmungen des Augsburger Religionsfriedens von 1555. Schweden konnte seine nordeuropäische Vormachtstellung ausweiten, die Schweiz und die Niederlande wurden endgültig souveräne Staaten. Frankreich konnte sein Territorium erweitern. Gewinner waren ferner die deutschen Fürsten, die gegenüber dem Kaiser die volle Souveränität in ihren Territorien durchsetzten und oft auch den Einfluss der Landstände in ihren Herrschaftsgebieten zurückdrängten.

Mittelalter	Renaissance/Humanismus
Gott im Mittelpunkt	Mensch im Mittelpunkt
Jenseitsorientierung	Diesseitsorientierung
Naherwartung des Weltuntergangs	Teilweise noch Naherwartung (etwa bei den Reformatoren)
Rettung des Seelenheils	Entfaltung menschlicher Qualifikationen für das Diesseits
Reproduktion von Wissen und Traditionen	Hinterfragung traditioneller Positionen
Individualität gilt als menschliche Anmaßung	Bedeutung von individueller geistiger und künstlerischer Leistung
Kunst, festgelegt nach kirchlichen Regeln	Individualisierung der Kunst

Vielfältige Kritik an katholischer Kirche: Verweltlichung und Machtstreben des Papsttums, ungebildete Priester, Prunkentfaltung, Ablasshandel

- zahlreiche reformatorische Bestrebungen werden von Kirche unterdrückt, „Ketzer" werden verfolgt
- Thesen und Kampfschriften von Reformern wie Luther (1517) finden aber weite Verbreitung (Buchdruck)

- rasche Ausbreitung der Reformation in den Städten
- Täuferbewegung (Müntzer) trägt zu Radikalisierung des Bauernkriegs bei
- Ausdehnung der Reformation in weitere europäische Länder
- Fronten zwischen den konfessionellen Lagern verhärten sich

- vorläufiger „Waffenstillstand" (1555) im Augsburger Religionsfrieden
- Prager Fenstersturz löst Dreißigjährigen Krieg (1618–1648) aus, der sich zu einem gesamteuropäischen Krieg ausweitet
- schwere Verheerungen und große Bevölkerungsverluste vor allem in Deutschland
- Sieger sind Frankreich und Schweden, die Schweiz und die Niederlande
- im Deutschen Reich profitieren die jetzt souveränen Territorialfürsten

1.8 Aufbruch in Wirtschaft, Wissenschaft und Kultur

Im 15. und 16. Jahrhundert änderten sich nicht nur die künstlerischen und wissenschaftlichen Grundlagen fundamental, sondern auch die wirtschaftlichen. Wahrscheinlich bildeten die ökonomischen Veränderungen (Bank- und Verlagswesen) eine Voraussetzung für die Wandlungsprozesse im kulturellen und wissenschaftlichen Bereich. Umgekehrt förderten intellektuelle und technische Veränderungen und Erkenntnisse ökonomischen Fortschritt.

Die Verbreitung des Buchdrucks wirkte in vielfältiger Hinsicht zurück auf die Kultur, Ökonomie und Politik. Die Erfindung des Schwarzpulvers revolutionierte die Kriegführung und trug zugleich zum Niedergang der Ritter bei, die ihre zentrale militärische Bedeutung verloren. Kompass und Fernrohre, nautische Messgeräte und eine verbesserte Kartografie ermöglichten die Seefahrten über den Atlantik und in den Indischen Ozean. Die Durchsetzung einer modernen Geldwirtschaft (in Abkehr vom mittelalterlichen Tauschhandel) und die Entstehung von Banken beflügelten und förderten modernen Unternehmungsgeist.

Der Aufbau moderner Staatsstrukturen (Ausbau von dauerhaften Residenzstädten, Einstellung ausgebildeter Beamter, Unterhaltung von Universitäten und vieles mehr) sowie die militärischen Auseinandersetzungen wurden erst durch das neue Finanz- und Kreditwesen ermöglicht. Dabei nahm die Verflechtung von Politik und kreditfähigen Unternehmern rasch zu. Ein Beispiel dafür stellt die Stadtrepublik Florenz dar. Die durch ihre Aktivitäten als Bankiers und Händler reich gewordene Familie de' Medici versuchte auf vielfältige Weise, auch politische Macht zu erringen und setzte hierzu gezielt auch Baupolitik und Förderung der Kunst ein. Diese sollte den politisch „legitimen" Anspruch de' Medici auf politische und religiöse Machtpositionen unterstreichen. Künstlern der Renaissance bot sich hier ein reiches Betätigungsfeld, das nicht nur ihr eigenes Prestige förderte, sondern natürlich auch das ihrer Auftraggeber.

Zugleich vollzogen sich beachtliche Beschleunigungsprozesse vor allem im Bereich der Nachrichtenübermittlung und beim überseeischen Gütertransport. Neue Schiffstypen etwa waren deutlich schneller und kostengünstiger als die bisherigen schwerfälligen Galeeren oder die Koggen. Als sich dann auch der Schwerpunkt des Fernhandels im 16. Jahrhundert von Mittelmeer und Ostsee oder der Seidenstraße auf den Atlantik verlagerte, stiegen neue Handels- und Finanzzentren wie Amsterdam in den Niederlanden oder London in England auf.

1.9 Neues Weltbild und Expansion über die Weltmeere

Das Wissen über die Welt änderte sich im 15.–16. Jahrhundert umfassend. Verfügten im Mittelalter nur die Klöster durch ihre Bibliotheken über das Wissen ihrer Zeit, änderte sich dies nun rasch. Dazu trug besonders die Kommunikationsrevolution infolge des Buchdrucks bei. Die Gelehrten der Renaissance arbeiteten nicht mehr primär in Klöstern. Sie fühlten sich nicht mehr der überlieferten, kirchlichen Sichtweise der Scholastik verbunden. Die individuelle Beobachtung und das (wiederholbare – und damit überprüfbare) Experiment gerieten stärker in den Mittelpunkt.

Die astronomischen Beobachtungen und Berechnungen von Nikolaus Kopernikus und Galileo Galilei stellten das bisherige Weltbild fundamental infrage. Andere Naturwissenschaftler (und Künstler) wie Andreas Vesalius oder Michelangelo sezierten Leichen, um die komplexe „Maschine Mensch" genauer zu erkunden.

Der intensive Kontakt mit der arabischen Welt vermittelte den europäischen Seefahrern neue nautische Kenntnisse und Techniken, die schließlich Kolumbus zu seiner Expedition nach dem reichen Indien auf einer neuen Seeroute ermunterten. Fast zeitgleich war in Spanien und Portugal die jahrhundertelange Reconquista (Rückeroberung) abgeschlossen. Die Iberische Halbinsel war damit wieder komplett unter christlicher Herrschaft. Spanien und Portugal drängten auf die Erschließung weiterer fremder Territorien und die Fortführung der Kreuzzüge gegen die „Ungläubigen" (islamische Welt).

Die Unternehmungen von Kolumbus gingen indes von falschen Voraussetzungen aus, er meinte, in den karibischen Inseln einen Teil von „Indien" entdeckt zu haben und hielt daran lebenslang fest. Die nach Amerika kommenden europäischen Eroberer sahen sich den dortigen indigenen Kulturen zivilisatorisch als überlegen an. Die nachfolgende Kolonialpolitik in Mittel- und Lateinamerika plünderte die „entdeckten" Länder und Kulturen hemmungslos aus und vernichtete deren soziale Strukturen im Interesse der europäischen ökonomischen und religiösen Hegemonie und der Suche nach begehrten Edelmetallen (Eldorado). Ein Großteil der indigenen Kulturen ging unter.

Anders gestaltete sich die europäische Kolonialpolitik in Südostasien, hier stießen die Europäer auf hochentwickelte, nicht selten überlegene Kulturen. Eine Europäisierung vollzog sich dort nur am Rande und nicht so folgenreich und tiefgreifend wie in Lateinamerika. Stattdessen beeinflusste der enge Handelskontakt mit Südostasien im 16.–18. Jahrhundert erheblich die europäische Mode und den Konsumgeschmack (Kaffee, Tee, Porzellan, neue Farbstoffe, Möbel etc.)

Ökonomie, Wissenschaft, Kultur und Politik in der Frühen Neuzeit

Voraussetzungen:
- Innovationen in nautischen Kenntnissen, Kartographie und Schiffsbau
- Veränderungen im Weltbild (Kopernikus)
- wirtschaftliche und machtpolitische Konkurrenz durch Osmanisches Reich (Kreuzzugsgedanke verknüpft mit Suche nach christl. Verbündeten, Gewürzhandel)
- Bevölkerungswachstum (wachsende Zahl risikobereiter Abenteurer ohne berufliche Perspektive)

↓

Expansion über die Weltmeere 1500–1800

↓

Folgen der europäischen Expansion:
- Zerstörung der indigenen Kulturen in Amerika
- Entstehung eines globalen Welthandels
- Verlagerung des Fernhandels von Seidenstraße und Mittelmeer zum Atlantik/Indischen Ozean
- Machtverfall bisheriger Handelsmächte (Venedig, Genua etc.), Aufstieg neuer Seemächte (England, Niederlande etc.)
- globale Migration durch Anstieg des Sklavenhandels für neue Plantagenwirtschaft in europäischen Kolonien
- gegenseitiger kultureller Austausch (Kartoffel, Kaffee, Tee, Kakao, Porzellan, neue Farbstoffe etc. nach Europa; Plantagenwirtschaft, katholische Missionierung, erste europäische Einwanderung nach Amerika, Afrika, Südostasien)

2.1 Absolutismus zwischen Anspruch und Wirklichkeit

Der Prozess der Herausbildung von Territorialstaaten im 16./17. Jahrhundert stellte immer mehr die mittelalterliche feudale Lehnsordnung infrage. Besonders in Deutschland kam es zu Machtrivalitäten zwischen den Territorialherren und dem Kaiser, aber auch zwischen den Territorialherren und den Landständen. Spätestens nach den langen Glaubenskriegen und den damit einhergehenden Verheerungen begann die „Stunde der Fürsten". Viele Landesherren förderten die Ausbildung eines modernen Beamtenapparats. Manche Landesherren, allen voran der französische König Ludwig XIV., gingen nun daran, anstelle von Söldnerarmeen stehende Heere aufzubauen. Fürstliche Prunkbauten und eine aufwändige Hofhaltung sollten den „absoluten" Machtanspruch des Monarchen nach außen unterstreichen. Viele Residenzen, allen voran Versailles, wurden so zu kulturellen Mittelpunkten und lösten die norditalienischen Stadtstaaten als Kulturzentren ab.

Das setzte allerdings regelmäßige und hohe Staatseinnahmen sowie leistungsfähige Untertanen voraus, zumal Klerus und Adel von direkten Steuern befreit blieben. Viele Monarchen förderten daher in ihren Ländern die Wirtschaft und die Verkehrsinfrastruktur (Merkantilismus) und bauten die Zollverwaltung aus. Die merkantilistische Politik zielte darauf, möglichst nur Rohstoffe zu importieren und teurere Fertig- oder Luxuswaren zu exportieren, um den Wohlstand im Land zu fördern. Der nun entstehende staatliche Behördenapparat wurde meist mit befähigten Menschen aus dem Bürgertum besetzt. Lediglich die Gerichtshöfe und die Offiziersposten blieben den Adligen vorbehalten. Tatsächlich war aber die königliche Macht, besonders in weiter entfernten Landesteilen, trotz allem begrenzt. Dies betraf flächenmäßig große Imperien wie Russland oder das Osmanische Reich ebenso, wie weniger große Staaten. Die stehenden Heere, die verschwenderische Hofhaltung, der Beamtenapparat sowie Kriege verschlungen indes Unsummen und führten meist zu einer zunehmenden, kaum noch zu bewältigenden Staatsverschuldung (Spanien, Frankreich).

Auch in Preußen bemühte sich der „Soldatenkönig" Friedrich Wilhelm I. um weitreichende Staatsreformen. Die Bevölkerung sollte zu Disziplin und Frömmigkeit erzogen werden, die allgemeine Schulpflicht wurde verordnet (aber nur partiell durchgesetzt). Sein musisch und philosophisch stärker interessierte Nachfolger, Friedrich II., trieb nach mehreren Kriegen den Staatsausbau systematisch voran, auch inspiriert von einigen Ideen der Aufklärung. Friedrichs Politik war von religiöser Toleranz geprägt und förderte den Ausbau der Wirtschaft. Zugleich sollte die Justiz unabhängig von königlichen Eingriffen sein und alle Untertanen gerecht behandeln. Durch Friedrichs Kriege wurde das preußische Staatsgebiet erheblich vergrößert, Preußen wurde zu einer europäischen Großmacht.

2.2 Die Ideen der europäischen Aufklärung

Bereits im Spätmittelalter etablierte sich ein wissenschaftlicher und persönlicher Kontakt unter den europäischen Gelehrten wie unter Studenten. Auch der kleine Kreis der Humanisten des 15. und 16. Jahrhunderts reiste kreuz und quer durch Europa und tauschte sich mit anderen Gelehrten aus. Aber auch Söhne adliger Familien begaben sich auf die sogenannte Kavalierstour, auf der sie fremde Länder, deren Sprache, Kulturen und andere Höfe kennenlernten und persönliche wie politische Kontakte knüpften. Damit wurde auch der intellektuelle Austausch der gebildeten Eliten der Aufklärungszeit vorbereitet, die sich vielfältig untereinander vernetzten und austauschten.

Reise- und Erfahrungsberichte fanden unter den Gebildeten eine beachtliche Öffentlichkeit. Dabei wurden auch in einem größeren Ausmaß als bislang politische Fragen erörtert, denn Fragen der Politik galten nicht mehr als alleiniges Reservat der aristokratischen Eliten.

In England erklärte John Locke, der Gründungsvater des politischen Liberalismus, die „Heiligkeit" des durch eigene Arbeit geschaffenen Eigentums sowie die prinzipiellen Freiheitsrechte. Seine Ideen stellten die „absolute" Macht der Monarchen grundsätzlich infrage. Aufbauend auf Locke entwickelte der Franzose Montesquieu die Idee der Gewaltenteilung.

Begünstigt wurde die Verbreitung aufklärerischer Ideen durch ein entstehendes Zeitschriftenwesen. Aufgeklärte Bürger und Bürgerinnen förderten Lesegesellschaften, in denen spannende und innovative Artikel gemeinsam gelesen und diskutiert wurden. In diesen aufklärerischen Zirkeln oder auch Damensalons trafen gebildete Bürger und Adlige aufeinander und tauschten sich über Gegenwartsprobleme aus. Diese Zirkel, in denen die bisherigen Standesgrenzen durchbrochen wurden, waren nicht mehr bereit, die feudale Ständegesellschaft als gottgegeben hinzunehmen. Teil der Aufklärung war auch eine Strömung, die auch die Gleichstellung der jüdischen Bürger forderte (jüdische Aufklärung, genannt „Haskala").

In der Aufklärung des 18. Jahrhunderts formierte sich bereits im Keim eine neue bürgerliche Führungselite, deren Ideen die Revolutionen des 18. und 19. Jahrhunderts maßgeblich bestimmen sollten. Diese Prozesse beeinflussten auch die britischen Kolonien in Nordamerika, später auch bürgerliche Schichten im spanischen Kolonialreich Lateinamerikas.

Absolutismus

- Ausbau der Staatsverwaltung
- Merkantilismus: Wirtschaftsförderung
- Infrastrukturpolitik

Aufgeklärter Absolutismus: verfolgt ähnliche, aber noch weitere Zielsetzungen

---

- höfische Kulturförderung
- Residenzenbau
- teure Hofhaltung

- dient Prachtentfaltung und der Machtdemonstration

- stehendes Heer
- Festungsbau

- Bevölkerungspolitik erhöht Steueraufkommen, daher Vergrößerung der Anbau- und Siedlungsflächen, Aufnahme von Flüchtlingen

---

- Justizreformen, Gleichheit aller vor dem Gesetz

- religiöse Toleranz

- Schulpolitik
- Wissenschaftsförderung

Aufklärung

Kommunikationsformen der Aufklärer:

- Buch- und Zeitschriftenmarkt
- Reisen
- Kontakte
- Briefe
- Lesegesellschaften
- Clubs und Salons
- Geheimgesellschaften

→ **Aufklärung** →

kulturelle und politische Folgen:

- Entstehung einer kritischen Öffentlichkeit
- Kritik an Ständegesellschaft und Kirche
- neue Gesellschafts- und Politikmodelle
- Formulierung von Menschenrechten
- Revolutionen in Amerika und Frankreich

2.3 Die US-amerikanische Revolution

Nach der „Entdeckung" Amerikas 1492 eigneten sich die Kolonialmächte Spanien und Portugal, später auch England, die Niederlande und Frankreich Teile des „neuen" Kontinents an. An der nordamerikanischen Ostküste förderte England die Gründung von Siedlungskolonien. 1630 gründeten Puritaner den religiösen Musterstaat Massachusetts.

Die Kolonialunternehmer waren von ökonomischen Interessen geleitet, die Siedler erhofften sich ein Leben ohne Armut sowie religiöse und politische Freiheit. In den Siedlungskolonien galten nicht die ungleichen ständestaatlichen Verhältnisse des alten Europas, vielmehr zählte die individuelle Leistungsfähigkeit. Das lokale politische Leben wurde von den weißen Männern mit Grundbesitz organisiert und bestimmt, unbeeinflusst von politischen Weisungen „von oben". Dem Gouverneur der Kolonien stand ein Rat zur Seite, mit dem er Entscheidungen beriet. Steuern konnten nur mit Zustimmung dieses Gremiums erhoben werden.

Die britische Regierung betrachtete die Kolonien in erster Linie als Absatzmärkte für englische Waren und war daher an einer dortigen wirtschaftlichen Förderung nicht interessiert. Nach dem kostspieligen Siebenjährigen Krieg, der auch in Nordamerika geführt wurde, versuchte die britische Regierung auch in den nordamerikanischen Kolonien neue Steuern zu erheben. Da die Kolonien aber nicht im Londoner Parlament vertreten waren, pochten die Kolonisten auf ihr grundsätzliches Mitwirkungsrecht bei Steuersachen, protestierten handfest gegen englische Zwangsmaßnahmen (Boston Tea Party 1773) und boykottierten britische Waren. Der Konflikt eskalierte und wuchs zu einem Unabhängigkeitskrieg eines großen Teils der Kolonisten, unterstützt unter anderem von Frankreich, gegen das britische Mutterland an.

1776 erklärten die 13 Kolonien ihre Unabhängigkeit. In der gemeinsamen Unabhängigkeitserklärung wurden Ideen der Aufklärung, wie die Menschenrechte sowie die Freiheits- und Gleichheitsansprüche der Bürger und das Prinzip der Volkssouveränität, aufgenommen. 1783 musste England die Unabhängigkeit der Vereinigten Staaten von Amerika anerkennen. Um den noch sehr losen Staatenbund zu festigen, begannen Verfassungsberatungen in Philadelphia. Die Verfassung trat 1789 in Kraft. Die Frage, ob die USA eher eine Union oder eine Föderation sein sollten, blieb allerdings noch lange, bis zum Bürgerkrieg 1861–1865 umstritten.

2.4 Die US-Verfassung und Manifest Destiny

Als 1787 in Philadelphia 55 Delegierte zusammentraten, um über eine gemeinsame Verfassung der ehemaligen Kolonien zu beraten, ging es auch darum, ein Auseinanderbrechen der erfolgreichen Koalition gegen England zu verhindern. Man wollte die in der Unabhängigkeitserklärung formulierten Grundgedanken in eine praktikable Verfassung umsetzen. Ein zentrales und sehr kontrovers diskutiertes Problem dabei war, ob die künftigen USA eher eine föderale bundesstaatliche Ordnung haben oder einen Staatenbund bilden sollten, in welchem Verhältnis also eine künftige Zentralgewalt zu den Bundesstaaten stehen sollte. In einem Kompromiss der unterschiedlichen Interessen erhielt die US-Verfassung ein System gegenseitiger Machtbeschränkungen und -kontrollen (checks and balances), das verhindern sollte, dass keine der Gewalten die andere dominieren konnte; man suchte ein Gleichgewicht der drei Gewalten. Geprägt war die US-Verfassung vom Misstrauen gegenüber einer übermächtigen Zentralgewalt wie im europäischen Absolutismus, daher wurde einem starken Präsidenten (Exekutive) eine starke Legislative in Gestalt des Kongresses (dem Senat, in den jeder Bundesstaat zwei Vertreter entsendet, und dem Repräsentantenhaus, in dem Vertreter je nach Bevölkerungszahl vertreten sind) gegenübergestellt.

In der Verfassung selbst wurden wichtige demokratische Grundrechte zunächst nicht normiert, daher wurden in der folgenden Zeit weitere Verfassungsgrundsätze (amendments), zum Beispiel zur Religions-, Meinungs- oder Versammlungsfreiheit oder zum Waffenrecht, hinzugefügt.

Das US-amerikanische Staatsgebiet wurde im 19. Jahrhundert unter der missionarischen Leitidee der „Manifest Destiny" rasch erweitert. Nach dieser Ideologie entsprach es dem glücklichen und auch gottgegebenen Schicksal der in Amerika lebenden Menschen, dass die jungen Vereinigten Staaten ihren Herrschaftsbereich zügig in den „unzivilisierten" Westen ausweiteten und in Besitz nahmen. Der Missionsgedanke gegenüber „primitiven heidnischen" Menschen bildete hier mit der Zivilisationsidee eine Einheit. Er legitimierte die Vertreibung, Umsiedlung und teilweise die Ausrottung der indigenen Bevölkerung.

Die USA konnten bereits im frühen 19. Jahrhundert ihr Territorium erheblich vergrößern. Neben der Eroberung indianischer Siedlungsgebiete wurden durch Kriege große Teile Mexikos annektiert. Weitere Gebiete wurden europäischen Kolonialmächten abgekauft (zum Beispiel Florida von Spanien, Louisiana von Frankreich, Alaska von Russland).

Voraussetzungen der US-amerikanischen Unabhängigkeitserklärung

Aufklärerische Ideen:
- Gewaltenteilung, Recht auf Eigentum (Locke und Montesquieu)
- Volkssouveränität
- unveräußerliche Natur- und Menschenrechte
- rechtliche Gleichheit aller Menschen

Religiöse und mentale Voraussetzungen:
- Ablehnung der Ständeordnung
- Freiheitsbewusstsein
- Gefühl der eigenen Auserwähltheit
- Ablehnung religiöser Autoritäten

Politische Voraussetzungen:
- Ablehnung englischer Eingriffe und Bevormundung
- „No taxation without representation"
- koloniale Solidarität
- Unterstützung Frankreichs

Boston Tea Party 1773
Unabhängigkeitserklärung 1776
Unabhängigkeitskrieg 1776–1783

↓

Die US-Verfassung tritt in Kraft 1789

↓

- **Zentrale Ideen der US-Verfassung wurden seit 1789 auch in Frankreich, später auch in Lateinamerika wirksam.**

Voraussetzungen:
- Ideen der Aufklärung
- Ablehnung eines Ständestaats
- Idee der Gewaltenteilung

starker Präsident,
bestimmt durch Wahl aller Bürger (stark eingeschränktes Wahlrecht)

starke Legislative:
Senat und Repräsentantenhaus (vertreten bundesstaatliche und gesamtstaatliche Interessen)

Judikative
(relative Unabhängigkeit von Exekutive und Legislative)

System der „checks and balances"
- gegenseitige Machtkontrolle und Machtbeschränkung
- föderale Struktur des neuen Staats verstärkt Machtbegrenzung
- zunächst keine demokratischen Prinzipien, individuelle Rechte werden erst durch spätere Verfassungszusätze (amendments) geschaffen

US-amerikanisches Grundverständnis: Manifest Destiny (protestantischer Fundamentalismus und Missionarismus)
- begründet Vertreibung/Ausrottung der „primitiven" indigenen Kulturen
- begünstigt (kriegerische) Ausdehnung des US-Staatsgebiets auf amerikanischem Gebiet
- begründet die (vorläufige) Beschränkung der US-amerikanischen Politik auf den eigenen Kontinent (Monroe-Doktrin)
- das Desinteresse an europäischen Problemen und Entwicklungen

2.5 Die Französische Revolution 1789–1799

Die Französische Revolution gilt als ein überaus folgenreicher Einschnitt in der Geschichte, mit ihr begann in Europa das „Projekt Moderne": beginnende Abschaffung der Feudal- und Ständegesellschaft, Gewaltenteilung, Durchsetzung der Menschenrechte, liberale Eigentumsordnung. Seit 1789 wurden die großen politisch-ideologischen Grundströmungen Nationalismus, Liberalismus, Sozialismus und Konservatismus des 19. Jahrhunderts formuliert, die bis in die unmittelbare Gegenwart nachwirken.

In der Französischen Revolution überlagerten sich unterschiedliche soziale und politische Interessen und Motive: die Hungerrevolten der verarmten bäuerlichen bzw. unterbürgerlichen Schichten, die aufklärerischen Traditionen, die vor allem im Bürgertum und bei den Abgeordneten der Nationalversammlung lebendig waren, und schließlich die Finanzkrise des französischen Staats, die sich zu einer politischen Krise der Monarchie ausweitete.

Die Abgeordneten des Dritten Stands der 1789 zur Lösung der Finanzkrise einberufenen Generalstände forderten eine Abstimmung nach Köpfen und nicht nach Ständen und erklärten sich schließlich zur Nationalversammlung. Dies war der eigentliche revolutionäre Akt, der die traditionellen Souveränitätsrechte der Krone und zugleich die bisherige Ständeordnung infrage stellte. Unabhängig davon steigerten sich die Unruhen der unteren sozialen Schichten, die unter anderem im Sturm auf die Bastille mündeten. Unter diesem Druck der breiten Massen kam es in der Nationalversammlung zu weitreichenden Beschlüssen: der Aufhebung der Feudalordnung, der Verabschiedung der Menschenrechte und der Ausarbeitung einer Verfassung. Widerstand gegen die Nationalversammlung kam nicht nur vom König, sondern auch von der katholischen Kirche, deren umfangreiche Ländereien säkularisiert (enteignet) wurden, sowie von einer Koalition europäischer Staaten, die die alte, absolutistische Ordnung wiederherstellen wollten.

1792 kam es dann zur zweiten Phase der Revolution, bedingt vor allem durch die bisher ungelösten sozialen Fragen und den Druck der in Frankreich einmarschierenden gegnerischen Koalitionstruppen sowie regionale, royalistisch motivierte Bauernaufstände. Die Panik in der Hauptstadt führte zum Sturm auf das Pariser Stadtschloss des Königs, die Tuilerien, zur Absetzung und schließlich zur Hinrichtung des Königs. Unter der Führung der radikalen Bergpartei (Jakobiner) entwickelte sich ein Terrorregime, das vermeintliche und tatsächliche Gegner der Revolution durch drakonische Strafmaßnahmen einzuschüchtern versuchte. Als sich die militärische Lage gegen die Interventionstruppen besserte, kam es zum Sturz der Jakobiner-Herrschaft. Das nun etablierte Direktorium, das eher die Interessen des Bürgertums vertrat, führte wieder ein verschärftes Zensuswahlrecht ein und schlug politische und soziale Revolten nieder.

1799 verübte der populäre General Napoleon Bonaparte einen Staatsstreich und ernannte sich selbst 1804 zum Kaiser. Allerdings wahrte er viele soziale und kulturelle Errungenschaften der Revolution.

2.6 Deutschland unter Napoleon 1800 bis 1815

Während der napoleonischen Herrschaft wurde Deutschland territorial, politisch und sozial umgestaltet und modernisiert. Nach Napoleons Sieg über Österreich besetzte er die linksrheinischen Gebiete. Die betroffenen Fürsten sollten nun vom Reich für ihre Gebietsverluste entschädigt werden. Auf einem Reichstag zu Regensburg 1803 wurden daher weitreichende territoriale Veränderungen vorgenommen (Reichsdeputationshauptschluss):

Die meisten geistlichen Fürstentümer wurden aufgehoben (Säkularisation), kleinere Gebiete wurden mittelgroßen Territorien zugeschlagen, ebenso die meisten freien Reichsstädte (Mediatisierung). Auf diese Weise wurde die territoriale Zersplitterung Deutschlands in über 1000 souveräne Staaten, wie sie seit dem Westfälischen Frieden von 1648 existierten, beseitigt. In Deutschland gab es nun nur noch etwa 30 Staaten und einige freie Reichsstädte.

1806 schloss Napoleon 16 süd- und westdeutsche Staaten zum Rheinbund zusammen, die sich vom Heiligen Römischen Reich Deutscher Nation lossagten. Daraufhin legte der römisch-deutsche Kaiser Franz II. die Kaiserwürde nieder.

In den Rheinbundstaaten kam es in der Folgezeit zu folgenreichen Modernisierungen nach französischem Vorbild. Auch andere deutsche Länder, allen voran Preußen, erlebten weitreichende Reformen. Umgestaltet wurden der staatliche Regierungs- und Verwaltungsapparat, die kommunale Selbstverwaltung und die Armee. Bauernbefreiung und Gewerbefreiheit sollten neue ökonomische Initiativen freisetzen, die Judenemanzipation sollte traditionelle Diskriminierungen beseitigen. Manche traditionellen ständischen Privilegien wurden beseitigt, das Bildungssystem grundlegend erneuert. Die in manchen Staaten wie Preußen oder Österreich abgegebenen Verfassungsversprechungen wurden allerdings nicht eingelöst.

1812 wendete sich mit seinem Russlandfeldzug das Blatt für Napoleon. Der Feldzug endete in einem Fiasko. In den Folgejahren wurde Napoleon durch eine Koalition europäischer Mächte besiegt. In dieser Zeit entwickelte sich in Deutschland immer stärker ein Nationalgefühl, das einerseits das Joch der Fremdherrschaft abschütteln wollte und andererseits einen deutschen Nationalstaat zu errichten suchte.

Auf dem Wiener Kongress 1814/15 wurde über eine Neuordnung Europas beraten. Der österreichische Außenminister Klemens Fürst von Metternich zielte auf eine Restauration der alten, vorrevolutionären Ordnung, um Europa vor revolutionären Erschütterungen zu bewahren. Die von Napoleon getroffene deutsche „Flurbereinigung" (s.o.) wurde indes nicht rückgängig gemacht, die 1803 entmachteten Fürsten hatten also das Nachsehen. Metternich schloss mit den Monarchen von Russland und Preußen die Heilige Allianz. Diese Allianz vertrat den Gedanken der Restauration, das Prinzip der „Legitimität" der fürstlichen Herrschaft sowie das Versprechen der gegenseitigen Solidarität (gerichtet gegen die nationalen Freiheitsbestrebungen). Auf dem Wiener Kongress wurde auch der Deutsche Bund geschaffen. Dabei handelte es sich um einen lockeren Staatenbund auf deutschem Boden.

Soziale Ursachen:
- privates Gewinnstreben
- wachsendes Missverhältnis zwischen Arm und Reich

Ideengeschichtliche Voraussetzungen:
- Aufklärung
- Autoritätseinbußen der Monarchie

Staatskrise:
- Finanzkrise infolge hoher Staatsschulden
- Versagen der Monarchie
- Adelsopposition gegen Reformen

Revolution 1789
- Ballhausschwur
- Dritter Stand erklärt sich zur Nationalversammlung
- Sturm auf Bastille
- Abschaffung der Stände- und Feudalherrschaft
- Erklärung der Menschenrechte
- Verfassung mit Gewaltenteilung

Radikalisierung (1792)
- Fluchtversuch des Königs
- Widerstand von Bauern und der Kirche
- Konflikte zwischen Girondisten und Bergpartei
- Einmarsch von Interventionstruppen
- soziale Fragen bleiben ungelöst
- Hinrichtung König Ludwig XVI.
- Herausbildung des Grand Terreur

Roll back der Bourgeoisie (1794)
- Hinrichtung der Führer der Jakobiner
- Etablierung eines Direktoriums mit scharfem Zensuswahlrecht
- Niederschlagung von Hungerrevolten
- 1799: Staatsstreich und spätere Kaiserkrönung Napoleons

innerstaatliche Reformen unter Napoleon (vor 1814):

- Bauernbefreiung
- Gewerbefreiheit
- Militärreform
- Bildungsreform
- Judenemanzipation
- kommunale Selbstverwaltung

Befreiungskriege

Wiener Kongress (1814/15):

- Neuordnung Europas
- Sicherung vorrevolutionärer Strukturen
- Abwehr nationaler und liberaler Strömungen
- Gleichgewicht der europäischen Mächte (Pentarchie)

Folgen des Wiener Kongresses:

- **lange Friedensordnung wird geschaffen**
- **Gründung des Deutschen Bunds**
- **Stärkung der fürstlichen Macht**
- **einige ständische Verfassungen**
- **Repressionen gegen nationale, liberale und demokratische Bewegungen**
- **Gründung der Heiligen Allianz**

Heilige Allianz:

- Legitimität der Fürsten
- Restauration
- Solidarität der Fürsten

2.7 Nationalliberale Bewegung und restaurative Politik 1815–1832

Getragen vom Besitz- und Bildungsbürgertum entwickelte sich seit den Befreiungskriegen gegen die napoleonische Herrschaft in Deutschland die nationalliberale Bewegung. Diese Bewegung gewann über die Jahre immer mehr Anhänger, die später im Wesentlichen die Revolution von 1848/49 trugen.

Die nationale Bewegung zielte auf die Schaffung eines deutschen, selbstbestimmten Nationalstaats. Damit stellte sie den auf dem Wiener Kongress geschaffenen Deutschen Bund – ein lockeres Staatenbündnis der Fürsten – infrage und somit die bestehenden Herrschaftsverhältnisse. Auch die von der nationalen Bewegung propagierte Volkssouveränität konkurrierte mit dem Prinzip der fürstlichen Legitimität („von Gottes Gnaden").

Die liberale Bewegung forderte die Gewährung von elementaren Menschenrechten, die Gewaltenteilung und eine Verfassung, die auch den Fürsten binden sollte. Während die Linksliberalen und Demokraten die rechtliche und politische Gleichheit aller Bürger forderten, schwebte den anderen liberalen Strömungen eher ein Zensuswahlrecht vor, das das Wahlrecht an Bildung und Besitz band.

Gemeinsam war den nationalen und liberalen Kräften, dass sie die bestehenden Herrschaftsstrukturen ablehnten und das Prinzip der Selbstbestimmung bejahten.

Schon kurz nach dem restaurativen Wiener Kongress machte die nationalliberale Opposition auf sich aufmerksam: Auf dem Wartburgfest 1817 warfen einige Hundert oppositionelle Studenten reaktionäre Schriften ins Feuer. Die Ermordung des Dichters Kotzebue durch einen Studenten im Jahr 1819 war der Anlass, im Deutschen Bund die Karlsbader Beschlüsse zu verabschieden. Diese staatlichen Maßnahmen zielten auf eine Bücher- und Pressezensur, die Universitätsüberwachung sowie auf die „Demagogenverfolgung", also auf die Verfolgung von Anhängern nationaler und liberaler Ideen.

Mit der Julirevolution in Frankreich erhielt die Opposition neuen Schwung: In Frankreich verfolgte König Ludwig XVIII. eine restaurative Politik, gegen die die Pariser Bevölkerung im Juli 1830 revoltierte. Der König musste abdanken. Diese Revolution wirkte in vielen europäischen Staaten wie eine Initialzündung. Vielerorts kam es zu Revolten, auf die die westlichen Staaten eher mit gemäßigten Reformen reagierten, die deutschen und osteuropäischen eher mit harten Repressionen. Nur wenige deutsche Staaten gewährten ihren Untertanen nun Verfassungen.

Besonders heftig waren die Kämpfe im von Russland beherrschten Kongresspolen. Nachdem der polnische Reichstag den Zaren zeitweilig für abgesetzt erklärt hatte, kam es zur Intervention russischer Truppen, die in Warschau ein Massaker anrichteten. Viele Polen flüchteten ins Exil.

1832 trafen sich im pfälzischen Hambach Zehntausende Vertreter der nationalliberalen Bewegung. Von diesem politischen Großereignis aufgeschreckt reagierten die Landesherren mit den bekannten Maßnahmen: mit Militär und polizeistaatlichen Repressionen. Die Hauptredner des Hambacher Fests wurden, sofern man ihrer habhaft werden konnte, zu langjährigen Haftstrafen verurteilt.

Einige Anhänger der liberalen Bewegung resignierten und zogen sich angesichts verstärkter obrigkeitsstaatlicher Repression ins unpolitische „biedermeierliche" Leben zurück, andere wanderten in freiere Staaten wie die Schweiz, Frankreich, England oder in die USA aus.

2.8 „Einheit und Freiheit" in der deutschen Revolution von 1848/49

Bei der Märzrevolution von 1848 überlagerten sich sozialökonomische mit politischen Spannungen: Durch den einsetzenden Eisenbahnbau und die Dampfschifffahrt wurden Arbeitsplätze vernichtet. Die Massenarmut (Pauperismus) nahm zu, verschärft durch schlechte klimatische Bedingungen und daraus resultierende Missernten. Und trotz polizeistaatlicher Repressionen hatten sich im Untergrund revolutionäre bürgerliche Zirkel organisiert.

Den äußeren Anstoß für die Massenproteste in weiten Teilen des Deutschen Bunds bildete die Februarrevolution in Frankreich. Viele Regierungen in den deutschen Kleinstaaten gaben diesem „Druck der Straße" rasch nach und versprachen weitreichende Reformen. In Österreich musste Fürst von Metternich flüchten. In Berlin kam es durch versehentlich abgegebene Schüsse von Soldaten auf eine Massenversammlung zu tagelangen Barrikadenkämpfen, bis König Friedrich Wilhelm IV. einlenkte. In dieser Situation tagte ein Vorparlament, das die Wahl einer Nationalversammlung beschloss.

Diese trat dann als Frankfurter Paulskirchenversammlung am 18. Mai 1848 in Frankfurt in der Paulskirche zusammen. Die Abgeordneten waren in der Regel gebildete bürgerliche Honoratioren, die sich bald in eine kleine linke Fraktion, eine große liberale Mitte und in eine konservative Fraktion schieden.

Die Paulskirchenversammlung beriet über die künftige deutsche Verfassung, über die Grundrechte und die Frage der Zentralgewalt. Erbittert debattiert wurde über das Problem, welche Gebiete künftig zu einem deutschen Nationalstaat gehören sollten. Dabei kristallisierten sich zwei Modelle heraus: erstens die großdeutsche Lösung, also die deutschen Staaten unter Einschluss der deutschen Gebiete Österreichs, zweitens die kleindeutsche Lösung ohne die deutschsprachigen Teile Österreichs.

An der Frage, ob Schleswig zu Dänemark oder zum Deutschen Bund gehören sollte, schieden sich ebenfalls die Geister: Sollte das Selbstbestimmungsrecht der Völker gelten oder ein aggressiver deutscher Nationalismus, der Schleswig vereinnahmen wollte, triumphieren?

Im Herbst 1848 siegte in Wien die Gegenrevolution. Damit fiel die großdeutsche Lösung als Option weg. Im Frühjahr 1849 verabschiedete die Paulskirchenversammlung die Paulskirchenverfassung als erste demokratische Verfassung für den kleindeutschen Staat. Gleichzeitig wählte sie den preußischen König zum künftigen deutschen Kaiser. Dieser lehnte allerdings diese Krone ab, sie wurde ihm ja nicht von seinesgleichen angeboten. Damit war die Nationalversammlung gescheitert. Ein Rumpfparlament floh nach Stuttgart, bei Rastatt verschanzten sich kleine Reste, die dann durch das Militär aufgerieben wurden.

Gemeinhin wird von einem „Scheitern" der Revolution gesprochen. Und gemessen an ihrem Ziel, einen demokratischen deutschen Nationalstaat zu schaffen, ist die Nationalversammlung tatsächlich gescheitert. Allerdings blieben die liberalen rechtsstaatlichen Ideen lebendig und wurden nicht vollständig beseitigt. Auch die Pressefreiheit und andere geforderte Grundrechte wurden nicht vollständig zurückgenommen. Schwurgerichte wurden eingerichtet. Die von der Obrigkeit ernannten Schultheißen gehörten nun der Vergangenheit an und die spätere (klein)deutsche Einigung (1871) vollzog sich in den Bahnen, die in der Paulskirche vorbereitet worden waren.

das System Metternich:
- Sicherung der traditionellen Ordnung mit polizeistaatlichen Mitteln
- Betonung der fürstlichen Legitimität und Souveränität
- Bekämpfung des „Umsturzes"
- österreichische Vorherrschaft im Deutschen Bund

liberale Bewegung:
- gegen staatliche Willkürherrschaft
- für politische Gleichheit, Gewaltenteilung und Verfassungen
- für Menschenrechte, Sicherung des Eigentums, freie Marktwirtschaft

nationale Bewegung:
- nationale deutsche Einheit
- Volkssouveränität
- Ablehnung des Deutschen Bunds

- **Massenproteste – werden bisweilen repressiv verfolgt**
- **polizeistaatliche Maßnahmen, Zensur von Büchern und Presse**
- **Versammlungs- und Vereinigungsverbote**
- **aber: einige Verfassungen werden gewährt**
- **Auswanderung von Künstlern und Schriftstellern**
- **politische Unruhe und Unzufriedenheit besteht fort**
- **revolutionäre Grundstimmung bei Teilen der Bevölkerung**

- soziale Spannungen, Missernten, Pauperismus
- ungelöste Probleme der Bauernbefreiung
- Fortbestehen vieler adeliger Privilegien
- liberale Zirkel im Untergrund aktiv
- Anstoß durch Februarrevolution in Frankreich

äußere Probleme:
- Druck der Straße lässt nach
- Bauern scheiden aus revolutionärer Front aus
- Paulskirchenversammlung hat kein eigenes Militär
- Sieg der Gegenrevolution in Wien und Berlin
- preußischer König lehnt Kaiserkrone ab

Paulskirche 1848/49
- **Ausarbeitung einer Verfassung**
- **Grundrechte**
- **Zentralgewalt**
- **Klärung des deutschen Staatsgebiets**

innere Probleme:
- Abgeordnete der Paulskirche verschenken wertvolle Zeit
- großdeutsche oder kleindeutsche Lösung?
- Schleswig-Frage

- **Nationalversammlung scheitert an ihren eigenen Zielen (Demokratie, Rechtsstaat, Nationalstaat)**
- **spätere deutsche Einigung von 1871 vollzieht sich in Bahnen, die die Nationalversammlung vorgezeichnet hat**
- **Macht des Adels schwindet**
- **trotz Sieg der Gegenrevolution: Deutschland wird allmählich ein Rechts- und Verfassungsstaat**

3.1 Reichsgründung von oben: Die deutsche Einigung von 1871

1849 hatte die Reaktion über die Revolution gesiegt, zahlreiche demokratische Rechte wurden nun wieder aufgehoben. Allerdings war bei vielen Mensch der Wunsch, eine deutsche Einheit zu schaffen, ungebrochen. Die nationale Bewegung reflektierte sich etwa in der Gründung der Deutschen Fortschrittspartei 1861 sowie im Allgemeinen Deutschen Arbeiterverein 1863. Doch als der neue preußische König Wilhelm I. den „erzreaktionären Junker" Bismarck zum preußischen Ministerpräsidenten ernannte, um den Widerstand des preußischen Abgeordnetenhauses gegen den Heeresetat zu brechen, schienen sich die schlimmsten Befürchtungen der Liberalen zu bestätigen.

Bismarcks Ziel war eine Einigung Deutschlands unter preußischer Führung. Die Krise um Schleswig und Holstein, bei der Dänemark das Territorium Schleswigs beanspruchte, kam ihm dabei zupass. Das Ergebnis des von Bismarck forcierten Deutsch-Dänischen Kriegs (1864) stärkte das siegreiche Preußen.

Wegen Kompetenzstreitigkeiten bei der Verwaltung Schleswigs und Holsteins kam es dann 1866 zum Krieg zwischen Preußen und Österreich. Nach seinem Sieg bei Königgrätz annektierte Preußen einige norddeutsche Länder und schuf den Norddeutschen Bund, der etwa bis zur Mainlinie reichte. Der Deutsche Bund hörte auf zu existieren. Mit süddeutschen Staaten wurden Schutzbündnisse abgeschlossen. Diese kamen beim Deutsch-Französischen Krieg von 1870/71 zum Tragen.

Der Krieg mit Frankreich wurde von Bismarck bewusst heraufbeschworen. Bismarck kürzte hierzu eine diplomatische Depesche (Emser Depesche) zum preußischen Thronverzicht in Spanien in einer Weise, durch die sich Frankreich gedemütigt sah und daraufhin Preußen den Krieg erklärte. Im Kriegszug gegen Frankreich traten an die preußische Seite auch die süddeutschen Fürsten.

Der rasche Sieg über Frankreich (unter anderem bei Sedan) löste in Deutschland eine nationale Begeisterung aus, der bislang bei vielen Bürgern unbeliebte Bismarck avancierte zum nationalen Helden. Damit war der Boden für die Gründung des Deutschen Reichs geebnet. Der „Erbfeind" Frankreich war geschlagen, Frankreich musste Elsaß-Lothringen abtreten (langfristig eine der zahlreichen Ursachen für den Ersten Weltkrieg) und eine gewaltige Kriegsentschädigung bezahlen. Der französische Kaiser Napoleon III. geriet in deutsche Gefangenschaft.

Nach erbitterten Verhandlungen unter den deutschen Fürsten wurde am 18. Januar 1871 im Spiegelsaal von Versailles der preußische König Wilhelm I. zum Deutschen Kaiser ernannt. Die Reichsgründung war somit ein Werk der deutschen Fürsten und nicht ein Ergebnis der nationalen und liberalen Bewegung. Die Vorbehalte in der liberalen Bewegung gegenüber der autoritären und reaktionären Politik Bismarcks schwanden indes angesichts der nationalen Euphorie, die die Reichsgründung auslöste. Ein lang erstrebtes politisches Ziel vieler Menschen war in Erfüllung gegangen. Die andere Seite der Medaille war jedoch, dass ein aggressiver Militarismus breite Bevölkerungsschichten erfasste. Dafür stehen die zahlreichen Feiern am „Sedanstag" sowie die Gründung zahlloser Kriegervereine im Deutschen Kaiserreich mit Millionen von Mitgliedern. Auf diesem Boden keimten die folgenreichen deutschen Weltmachtsfantasien.

3.2 Innenpolitische Grundlagen des Deutschen Kaiserreichs

Die Verfassung des Deutschen Kaiserreichs atmete den Geist des Obrigkeitsstaats. Allerdings konnte in den gut vierzig Jahren des Kaiserreichs auch das zarte Pflänzchen des Parlamentarismus ein wenig sprießen. Dem Reichstag wurden nur wenige Kompetenzen eingeräumt, er konnte nicht den Reichskanzler bzw. die Regierung wählen, der Reichskanzler wurde vom Kaiser bestimmt und ernannt. Aber Gesetze konnten weder gegen den Reichstag noch gegen den Bundesrat (also gegen die 25 Bundesstaaten) oder gegen den Willen des Kaisers verabschiedet werden. Hier musste sich der Reichskanzler bei Gesetzesvorhaben Mehrheiten sowohl beim Reichstag als auch beim Bundesrat suchen, und gegen den kaiserlichen Willen konnte er auch nicht agieren. Der Kaiser hatte das Recht der Reichstagsauflösung. Während bei Reichstagswahlen das gleiche und allgemeine Wahlrecht galt, gab es bei Wahlen in einzelnen Bundesstaaten (etwa in Preußen) noch ein Wahlrecht, das an Besitz und Steuerzahlung gebunden war.

Im Kaiserreich entwickelten sich die Grundmuster des Parteiensystems, das noch in der Weimarer Republik und in der Bundesrepublik wirksam blieb. Den konservativen Parteien standen liberale Parteien, das katholische Zentrum und die Sozialdemokratie gegenüber. Im Kaiserreich wuchs allmählich der Grad der politischen Partizipation im Rahmen von Parteien und Vereinen. Allerdings genossen nicht alle Menschen die gleichen staatsbürgerlichen Rechte, wie etwa nationale Minderheiten.

Sozial und politisch diskriminiert blieben insbesondere in den ersten zwei Jahrzehnten des Kaiserreichs die Sozialdemokraten und die religiöse Minderheit der Katholiken. In der Sicht Bismarcks galten beide Gruppen als „Reichsfeinde", die mit Ausnahmegesetzen überzogen wurden:

Die kulturelle und soziale Stellung der Katholiken wurde im Kaiserreich im Rahmen des „Kulturkampfs" durch den Kanzelparagraf beschnitten, durch die Einführung der Zivilehe und die Einführung der staatlichen Schulaufsicht, die die geistliche Aufsicht ablöste. Katholische Geistliche, die sich gegen diese Maßnahmen wandten, mussten mit harten Repressalien rechnen. Ähnlich erging es den Sozialdemokraten, die durch das Sozialistengesetz (1878–1890) schikaniert wurden. Partei und Arbeitervereine wurden entweder verboten oder polizeilich überwacht, Ausweisungsbefehle ruinierten berufliche Existenzen und soziale Beziehungen, Gewerkschaftsmitglieder mussten mit betrieblichen und staatlichen Sanktionen rechnen. Diese repressiven Maßnahmen erreichten ihr Ziel letztlich nicht. Sie schweißten vielmehr den Kreis der Diskriminierten zusammen und erweiterten deren Wirkungsradius.

Reichskanzler Bismarck versuchte durch seine Sozialgesetze (Kranken- und Rentenversicherung, Unfallversicherung), die Arbeiterschaft mit der bestehenden sozial ungerechten Klassengesellschaft auszusöhnen. Doch auch diese Maßnahmen erreichten ihr Ziel nicht. Die sozialistische Arbeiterbewegung konnte im Kaiserreich ihre Basis kontinuierlich verbreitern, die SPD wurde schließlich bei den Reichstagswahlen 1912 die stärkste Partei im deutschen Reichstag.

drei siegreiche Einigungskriege:

- 1864 gegen Dänemark
- 1866 gegen Österreich
- 1870/71 gegen Frankreich

Prestige Preußens und Bismarcks wächst

→ **Gründung des Deutschen Kaiserreichs 1871**

→ nationale Euphorie nach Sieg über Frankreich

↓

→ liberale und nationale Bewegung unterwirft sich dem Machtstaat

↓

→ Geist des Chauvinismus und Militarismus etabliert sich

↓

Traum von deutscher Weltmacht keimt im Deutschen Reich

Inklusionsstrategien im Deutschen Kaiserreich:

- Förderung von „vaterländischen Vereinen“ wie Kriegervereinen
- nationaler Denkmalkult
- Sozialgesetzgebung

⇓

Etablierung eines Obrigkeitsstaats mit demokratischen Elementen

→ **Deutsches Kaiserreich** ←

Exklusionsstrategien im Deutschen Kaiserreich:

- Kulturkampf
- Sozialistengesetz
- mindere staatsbürgerliche Rechte für nationale Minderheiten (Polen, Franzosen, Sorben etc.)

⇓

Protestpotenzial wächst

3.3 Außenpolitische Grundlagen des Deutschen Kaiserreichs

Durch die Gründung des Deutschen Kaiserreichs 1871 war die „Pufferzone" deutscher Staaten in der Mitte Europas verschwunden. Viele Politiker der Großmächte sahen dadurch das europäische Gleichgewicht gestört – man betrachtete das mächtige Reich mit Misstrauen. Reichskanzler Bismarck verwies hingegen darauf, das Reich sei „saturiert". Sein Ziel waren also nicht Gebietserweiterungen, sondern die Wahrung des Status quo. Dafür glaubte er Frankreich durch ein System aus defensiven Bündnisverträgen politisch isolieren zu müssen. Dem diente das 1873 geschlossene Dreikaiserabkommen: Deutschland, Österreich-Ungarn und Russland verpflichteten sich darin zu einem friedlichen Interessenausgleich. Zu Großbritannien wurden, auch mittels dynastischer Verbindungen der Herrscherhäuser, gute Beziehungen gepflegt.

Die Balkankrise seit 1875 gab Bismarck die Chance, als „ehrlicher Makler" bei der Konfliktregelung keine eigenen Interessen zu verfolgen. Infolge der Schwäche des Osmanischen Reichs richteten insbesondere Russland sowie Österreich-Ungarn, begehrliche Blicke auf den Balkan. Auf dem Berliner Kongress 1878 wurden hierzu Lösungen entwickelt.

Der hier ausgehandelte Kompromiss vertiefte jedocht nicht nur die Rivalität zwischen Russland und Österreich-Ungarn sondern belastete auch das deutsch-russische Verhältnis.

Da die Balkankrise das Dreikaiserabkommen von 1873 hinfällig werden ließ, handelte Bismarck mit Österreich-Ungarn den geheimen Zweibund aus. Er sah vor, dass sich im Falle eines russischen Angriffs die beiden Partner militärisch unterstützen sollten, 1882 trat Italien diesem Bündnis bei (Dreibund). Im 1887 zwischen Deutschland und Russland geschlossenen Rückversicherungsvertrag versicherten sich die Länder Neutralität, sollte einer der Bündnispartner angegriffen werden. Sollte also Frankreich Deutschland angreifen, würde sich Russland neutral verhalten.

Bismarcks kompliziertes Bündnisgeflecht zerfiel 1890. Der junge Kaiser Wilhelm II. nötigte den alten Reichskanzler zum Rücktritt und sprach selbst von einer „neuen Ära", in der Deutschland sich politisch nicht durch viele Bündnisse einengen lassen, sondern selbst – wie die anderen Mächte auch – Großmachtpolitik betreiben sollte. Diese Neuausrichtung war mit einer Abkehr von der Politik der defensiven Bündnisse verbunden. So kam es 1892 zu einer Annäherung zwischen Frankreich und Russland. Die forcierte deutsche Aufrüstung, vor allem die Flottenpolitik des Admirals Tirpitz, irritierte wiederum England, das nun seinerseits massiv seine Seestreitmächte aufrüstete und mit Deutschland ein fatales Wettrüsten zur See auslöste.

Als erst Frankreich und Großbritannien und dann Großbritannien und Russland ihre macht- und kolonialpolitischen Rivalitäten durch Absteckung von Interessensphären überwanden, sah sich das Deutsche Reich immer mehr „eingekreist". Angesichts der zunehmenden Industrialisierung Russlands sahen deutsche Staatsmänner den Vorsprung in der eigenen militärischen Rüstung und dem wirtschaftlichen Potential in einem Konflikt bedroht. Die Bereitschaft zu einem militärischen Entscheidungskonflikt „bevor es zu spät sei" wuchs und trug wesentlich zur Eskalation 1914 zum Weltkrieg bei. (siehe S. 34 „Kriegsursachen und Kriegsbeginn).

3.4 Gesellschaft im Kaiserreich

Das Deutsche Kaiserreich war gekennzeichnet durch schroffe Klassengegensätze. Adel, Bürgertum und Arbeiterschaft bildeten streng geschiedene soziale Gruppen mit eigenen Hierarchien, Normen und Werten. Ein sozialer Aufstieg von einer Gruppe in die nächste war kaum möglich. Dies manifestierte sich auch in den ländlichen und städtischen Lebens- und Wohnformen.

Der Adel bildete nach wie vor die in Politik, Verwaltung und Militär dominierende Schicht. Vor allem auf dem Land spielte der Adel dank ausgedehntem Landbesitz auch eine ökonomisch dominierende Rolle.

Stark segmentiert war das Bürgertum: Ärzte, Rechtsanwälte, Bankiers, Unternehmer und Großhändler trennten Welten von der anwachsenden Masse der kleinen Angestellten, Händler oder niedrigen Beamten. Statusdifferenzierungen spielten im Bürgertum eine eminent wichtige Rolle. Gemeinsam war den unterschiedlichen Gruppen des Bürgertums hingegen eine überwiegend obrigkeitshörige Haltung zu den mächtigen sozialen und politischen Institutionen des Kaiserreichs.

Die zahlenmäßig größte soziale Schicht bzw. Klasse bildete die mit der Industrialisierung entstandene Arbeiterschaft. Die meisten Arbeiter lebten auch noch im Kaiserreich am Rande des Existenzminimums, sie wurden in vielfältiger Weise sozial und politisch diskriminiert. Immer mehr Arbeiter fanden ihre politische Heimat bei der SPD, die im Laufe des Kaiserreichs von einer Splitterpartei zur stärksten Partei im Reichstag anwuchs.

Der im 18. Jahrhundert noch dominierende Anteil der ländlichen Bevölkerung, der Bauern und der besitzlosen Landarbeiter, sank während des 19. Jahrhunderts. Insbesondere die Landarbeiter wurden im Kaiserreich als rechtlose Randgruppe betrachtet, die einfach nur zu gehorchen hatte. Viele Angehörige dieser Unterschicht wanderten in die Städte ab und suchten sich als Dienstmädchen oder Arbeiter eine neue Stellung.

Das Kaiserreich war durchdrungen vom Geist des Militarismus (und später vom Geist des Imperialismus). Adlige Offiziere genossen hohes Ansehen, auch eine Folge der drei Einigungskriege. Diese Militarisierung des Denkens übertrug sich auch auf das zivile Leben und die bürgerliche Festkultur und Werteordnung.

Sozial diskriminiert waren noch immer die Frauen. Sie übten in der Regel untergeordnete Dienste aus, waren politisch rechtlos und hatten keinerlei Aufstiegsmöglichkeiten. Frauenarbeit galt in gehobenen bürgerlichen Kreisen zwar als nicht „standesgemäß", die Masse der Frauen war aber aus purer ökonomischer Not dazu gezwungen. Die Frauenbewegung erreichte im Kaiserreich bescheidene politische Erfolge, etwa das Recht zum Studium.

Eine antijüdische Haltung gehörte im Kaiserreich insbesondere bei Bürgern und Landbewohnern zur selbstverständlichen kulturellen Norm. Die deutschen Juden wurden zwar im 19. Jahrhundert formal den übrigen Bürgern rechtlich gleichgestellt, religiös (und verdeckt sozial) motivierte Diskriminierungen gehörten aber zu ihrem Alltag. Der religiös motivierte Antijudaismus wurde bereits im 19. Jahrhundert durch einen rassistisch begründeten Antisemitismus abgelöst.

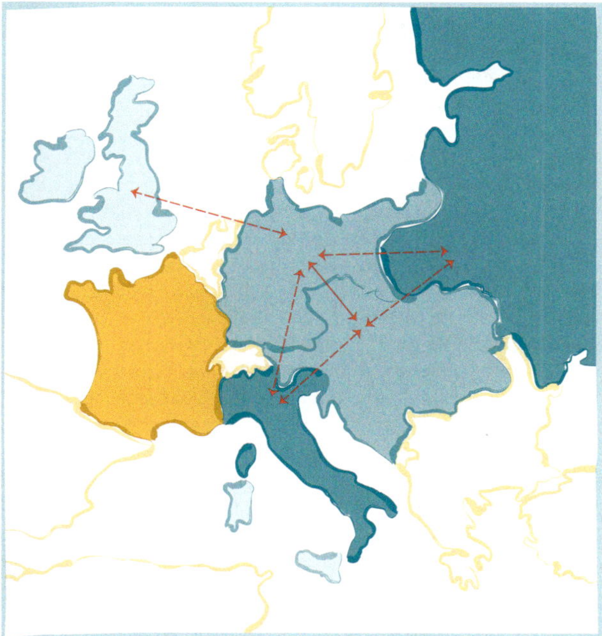

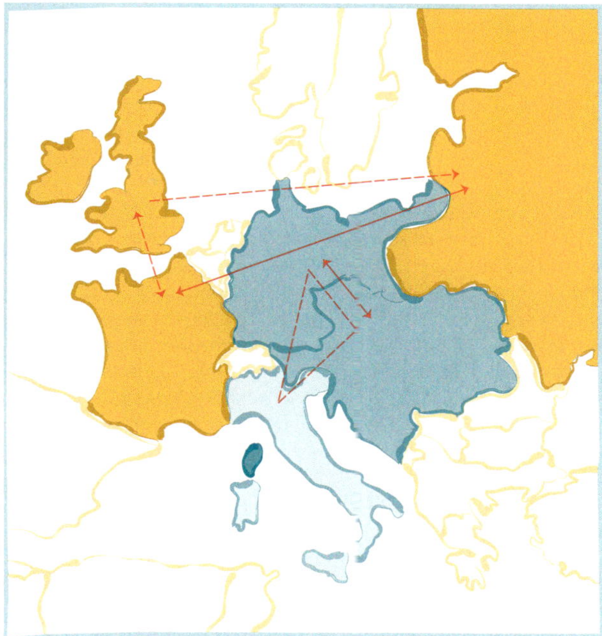

Werte- und Normengefüge wird von Adel und Großbürgertum dominiert

Geist des Militarismus durchdringt Gesellschaft

Arbeiter artikulieren zunehmend selbstbewusst ihre Interessen

soziale Diskriminierung Minderbegüterter

Adlige
(beherrschen weitgehend Politik und Militär)

Bürgertum
(sozial stark abgestuft)

Arbeiterschaft
(Masse der Gesellschaft, sozial und politisch diskriminiert)

Landbevölkerung
(Bauern, rechtlose Landarbeiter und Tagelöhner)

Oberschicht verteidigt selbstbewusst soziale und politische Privilegien

kaum Aufstiegschancen zwischen den sozialen Schichten

Frauen formulieren und begründen zögerlich, aber zunehmend selbstbewusst ihre Interessen

offene Judenfeindlichkeit

4.1 Rückblick auf den Beginn der Industrialisierung

Der Industrialisierungsprozess lässt sich in zwei große Phasen einteilen: In der ersten Phase, die im ausgehenden 18. Jahrhundert vor allem in England einsetzte, standen die Textil- und Schwerindustrie im Mittelpunkt – bei letzterer vor allem der Maschinen- und Eisenbahnbau. In der zweiten Phase, der sogenannten Hochindustrialisierung oder zweiten industriellen Revolution (in Deutschland um 1880/1890), bildeten die Chemie- und die Elektroindustrie die industriellen Leitsektoren.

Begünstigt wurde die Industrialisierung durch die demografische Entwicklung; landwirtschaftliche Innovationen ermöglichten eine breitere Ernährungsgrundlage und bildeten so eine wichtige Voraussetzung für ein beschleunigtes Bevölkerungswachstum. Neben einem großen Arbeitskräftereservoir („industrielle Reservearmee") waren die Erschließung wichtiger Ressourcen (Baumwolle, Eisenerz, Kohle), bahnbrechende Erfindungen (Dampfmaschine, Baumwollspinnmaschinen und neue Verfahren der Eisenverarbeitung) sowie eine beachtliche Anhäufung an Kapitalmitteln (zur Finanzierung neuer Technologien, Fabriken, Bergwerke, Eisenhütten und Eisenbahntrassen) unabdingbar für das industrielle Wachstum. Ein verbreiterter Bankensektor und die Möglichkeit zur Gründung von Aktiengesellschaften schufen zudem neue Finanzierungsmöglichkeiten.

Durch die industrielle Revolution veränderten sich die Formen des Zusammenlebens und der Arbeit fundamental. Die Gesellschaften wandelten sich von Agrar- zu Industriegesellschaften. Ständische Strukturen wurden abgelöst durch neuartige Klassenstrukturen. In manchen Ländern ging die konfliktreiche industrielle Revolution auch mit einer sozialen und politischen Umwälzung einher (zum Beispiel 1848/49). Neue Kommunikationsmedien (unter anderem Telegrafen, Massenmedien) und -strukturen sowie der systematische Ausbau der Verkehrsinfrastruktur (Eisenbahn und Dampfschifffahrt) ermöglichten den Transport von Menschen und Gütern in einem bisher nicht gekannten Ausmaß und Tempo. Bedingt durch eine starke Zuwanderung wuchsen viele Städte rasant. Hier manifestierten sich die neuen Klassengegensätze und die Verarmung breiter sozialer Schichten (Pauperismus) in erschreckender Art und Weise.

Die Industrialisierung war begleitet von einem Mentalitätswandel, der von einem neuartigen Gewinnstreben und einer hohen ökonomischen Innovations- und Risikobereitschaft gekennzeichnet war. Während der Industrialisierung veränderte sich auch die Rolle des Staats. Theoretiker des Wirtschaftsliberalismus verwiesen den Staat in eine „Nachtwächterrolle"; er solle nicht in das soziale wie ökonomische Geschehen eingreifen, das ungezügelte individuelle Gewinnstreben diene letztlich der Herbeiführung eines Allgemeinwohls (Adam Smith), die „unsichtbare Hand" von Marktkräften (Angebot und Nachfrage) schaffe den Ausgleich zwischen den Bedürfnissen und Interessen der verschiedenen Akteure auf dem Markt. Der Staat solle lediglich auf die Einhaltung der Rechtsordnung achten, die nötige Infrastruktur bereitstellen und den äußeren Schutz gewährleisten.

Die Industrialisierung wird bisweilen als zweiter großer Einschnitt in der Menschheitsgeschichte (nach der neolithischen Revolution vor etwa 10 000 Jahren) gedeutet. Viele Ökonomen sind der Meinung, gegenwärtig vollziehe sich durch die Informationstechnologie eine dritte, digitale Revolution, die die Lebens- und Arbeitsverhältnisse sowie die globalen Austauschbeziehungen erneut grundlegend verändere.

4.2 Die soziale Frage und die Arbeiterbewegung

In der zweiten Hälfte des 19. Jahrhunderts wurden die sozialen Missstände, die mit der industriellen Revolution einhergingen, auf verschiedenen Ebenen diskutiert. Verantwortungsbewusste Unternehmer sorgten sich um das Wohlergehen, aber auch um die Loyalität ihrer Stammbelegschaft. Daher richteten sie Kranken- und Pensionskassen ein, um qualifizierte Arbeiter an die Firma zu binden. Die Beiträge wurden paritätisch, also vom Unternehmen wie auch vom Arbeitgeber, aufgebracht. Dieses Modell wurde später von der staatlichen Sozialversicherung übernommen. Einige Unternehmen errichteten Werkswohnungen – vor allem für Facharbeiter –, um deren enge Bindung an das Unternehmen zu sichern.

Auch die katholische und die evangelische Kirche versuchten, der sozialen Frage durch verschiedene soziale Einrichtungen zu begegnen, nachdem sie im Zuge der Säkularisation an Einfluss verloren hatten: Diakonie und Innere Mission, Kolpingwerk und das „Rauhe Haus" bemühten sich um verwahrloste junge Arbeiter, allerdings war die Reichweite dieser humanitären und christlich motivierten Maßnahmen sehr begrenzt.

Marx und Engels entwickelten in der Nachmärzzeit mit dem Marxismus ein theoretisches Modell, das die krisenhafte Entwicklung des Kapitalismus und der bürgerlichen Gesellschaft grundsätzlich analysierte. Sie vertraten die Auffassung, dass die Herrschaft der oberen sozialen Klasse (Bourgeoisie) notwendigerweise ihrem Ende zugehe. Die Klassengegensätze zwischen der Bourgeoisie und den abhängig beschäftigten Arbeitern (Proletariat) würden sich permanent verschärfen; damit würde die Macht einer zunehmend selbstbewussten Arbeiterklasse wachsen.

Marx' und Engels' „Manifest der kommunistischen Partei" wurde zu einer wichtigen Grundlage der sich allmählich selbst organisierenden Arbeiterbewegung. Die Selbsthilfeorganisationen der Arbeiterschaft galten jahrzehntelang als illegal. Da sie sowohl von Unternehmen wie vom Staat bekämpft wurden, schweißten sich die Arbeiterorganisationen stärker zusammen und bekamen immer stärkeren Zuspruch. Bismarcks „Gesetz wider die gemeingefährlichen Bestrebungen der Sozialdemokratie" (Sozialistengesetz) erreichte seine Ziele ebenso wenig wie sein Versuch, die Arbeiterschaft durch innovative Sozialgesetze stärker an den Staat zu binden. Die Sozialdemokratie wurde im Deutschen Kaiserreich zur stärksten Partei, die Arbeiterorganisationen und die Gewerkschaften wuchsen kontinuierlich an – zumal es ihnen gelang, konkrete soziale Verbesserungen für die Arbeiterschaft zu erkämpfen.

Die politischen und sozialen Eliten des Kaiserreichs bekämpften die Sozialdemokratie weiterhin mit allen Mitteln. Umgekehrt standen große Teile der Arbeiterbewegung dem Klassenstaat feindlich gegenüber. Diese Frontstellung wurde im Ersten Weltkrieg teilweise überbrückt, nachdem die Sozialdemokraten den Kriegskrediten für den Ersten Weltkrieg zugestimmt hatten („Burgfrieden"). In der Weimarer Republik brachen die Gegensätze schließlich umso heftiger auf.

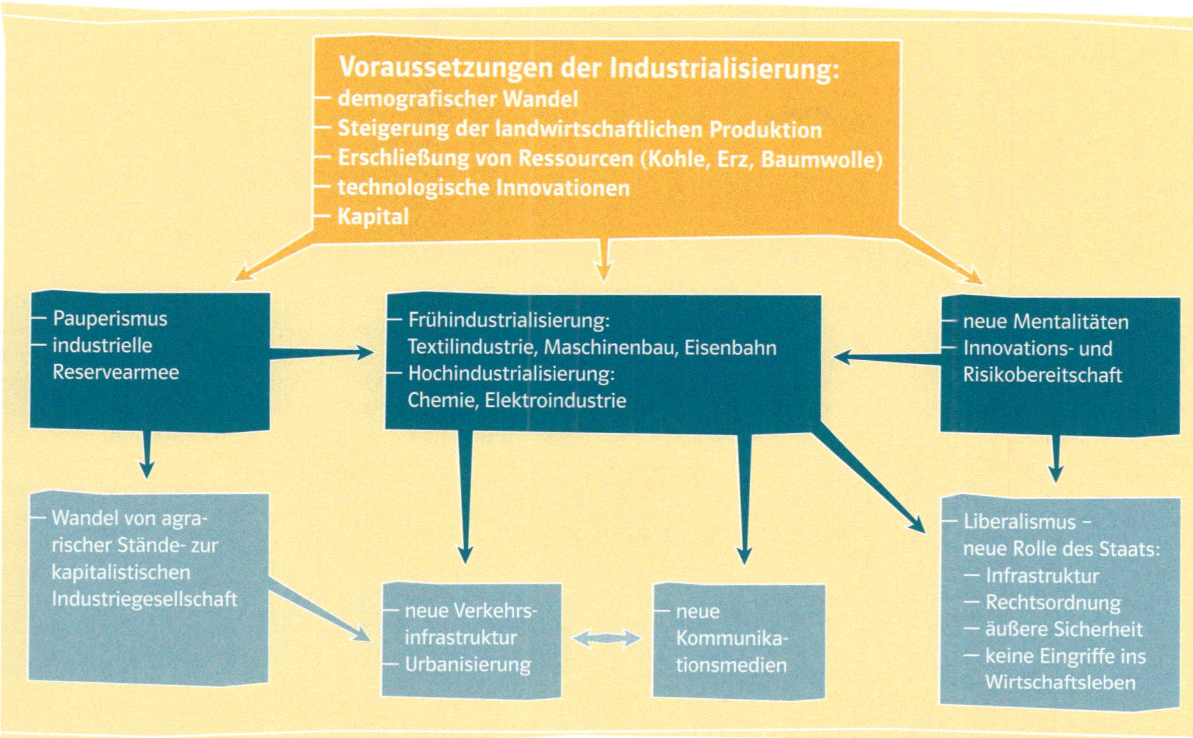
Voraussetzungen der Industrialisierung:
– demografischer Wandel
– Steigerung der landwirtschaftlichen Produktion
– Erschließung von Ressourcen (Kohle, Erz, Baumwolle)
– technologische Innovationen
– Kapital
– Pauperismus
– industrielle Reservearmee
– Frühindustrialisierung: Textilindustrie, Maschinenbau, Eisenbahn
– Hochindustrialisierung: Chemie, Elektroindustrie
– neue Mentalitäten
– Innovations- und Risikobereitschaft
– Wandel von agrarischer Stände- zur kapitalistischen Industriegesellschaft
– neue Verkehrsinfrastruktur
– Urbanisierung
– neue Kommunikationsmedien
– Liberalismus – neue Rolle des Staats:
– Infrastruktur
– Rechtsordnung
– äußere Sicherheit
– keine Eingriffe ins Wirtschaftsleben

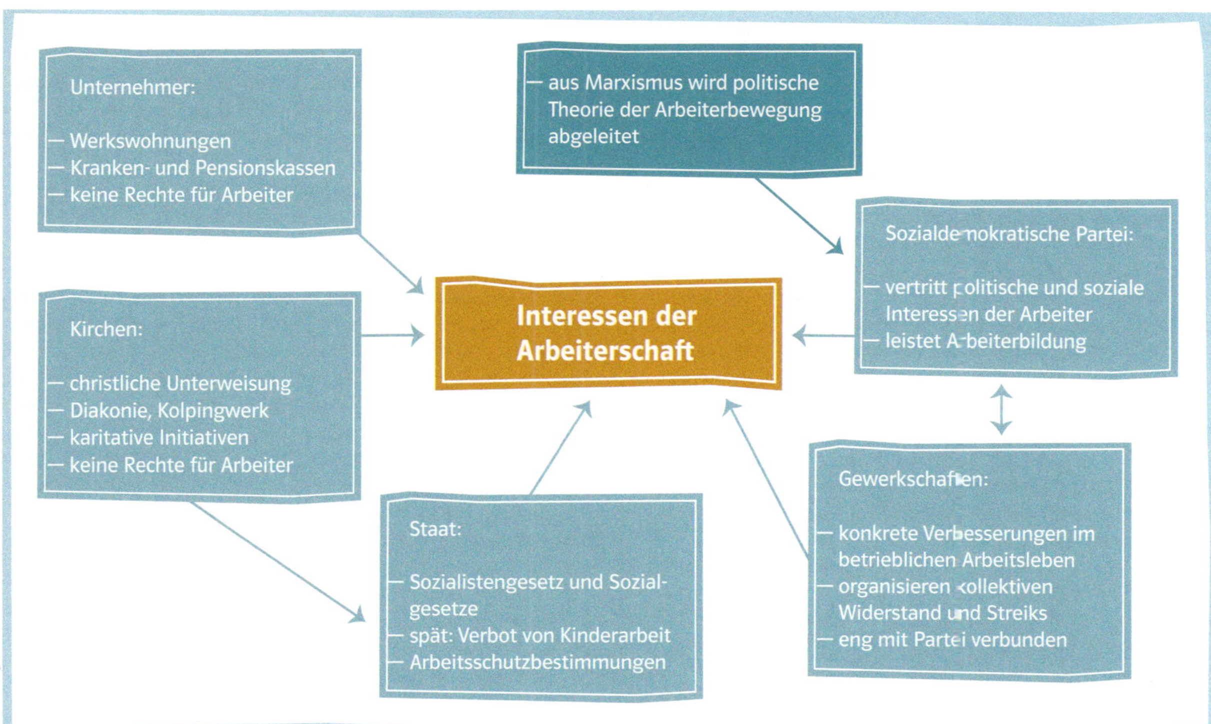
Unternehmer:
– Werkswohnungen
– Kranken- und Pensionskassen
– keine Rechte für Arbeiter
– aus Marxismus wird politische Theorie der Arbeiterbewegung abgeleitet
Interessen der Arbeiterschaft
Kirchen:
– christliche Unterweisung
– Diakonie, Kolpingwerk
– karitative Initiativen
– keine Rechte für Arbeiter
Sozialdemokratische Partei:
– vertritt politische und soziale Interessen der Arbeiter
– leistet Arbeiterbildung
Staat:
– Sozialistengesetz und Sozialgesetze
– spät: Verbot von Kinderarbeit
– Arbeitsschutzbestimmungen
Gewerkschaften:
– konkrete Verbesserungen im betrieblichen Arbeitsleben
– organisieren kollektiven Widerstand und Streiks
– eng mit Partei verbunden

4.3 Hochindustrialisierung im Kaiserreich – Deutschlands Aufstieg zum Industriestaat

Die Hochindustrialisierung – auch zweite industrielle Revolution genannt – vollzog sich in Deutschland erst in den beiden letzten Jahrzehnten vor dem 20. Jahrhundert. Eine entscheidende Rolle spielten hierbei der Maschinenbau, die Großchemie und die Elektrotechnik. Diese Branchen sollten auf dem Weltmarkt rasch eine führende Rolle übernehmen.

Zuvor schuf der Eisenbahnbau die infrastrukturellen Voraussetzungen für den wirtschaftlichen Aufschwung. Er förderte den Steinkohlenbergbau, die Stahlindustrie sowie den Maschinenbau; diese drei industriellen Sektoren begünstigten und beschleunigten sich gegenseitig. Zudem ermöglichte die Eisenbahn den kostengünstigen und raschen Transport von industriellen Gütern. Förderlich hierfür war, dass die inneren Zollschranken im Deutschen Bund allmählich abgeschafft wurden und die einzelnen Staaten sich auf gemeinsame Normen verständigten. Mit der Reichsgründung wurde die Vereinheitlichung noch weiter vorangetrieben.

Die Gründerkrise um 1873 (Bankenzusammenbrüche, Firmenpleiten) schockierte viele Menschen und verschärfte die soziale Lage der Arbeiterschaft. Sie ließ den Ruf nach staatlichen Interventionen lauter werden, auch bei denen, die zuvor wirtschaftsliberale Positionen hochgehalten hatten. Schutzzölle bevorzugten von 1879 an die heimische Stahlindustrie und die Landwirtschaft vor der ausländischen Konkurrenz und sicherten die soziale und politische Stellung der adligen Großgrundbesitzer.

Durch die optische und insbesondere chemische Industrie sowie durch die Elektroindustrie erfuhr die Industrialisierung im Deutschen Reich kurz vor der Jahrhundertwende einen wichtigen Schub. Die Großchemie konnte sich mit ihren innovativen Produkten rasch eine führende Stellung auf dem Weltmarkt sichern. Der vielfältig einsetzbare Elektromotor löste die schwerfällige Dampfmaschine ab und trat seinen Siegeszug an. Gewaltige Stromnetze entstanden und versorgten die rasch angewachsenen Städte mit elektrischer Energie. All dies vollzog sich in einer die Zeitgenossen schier überwältigenden Geschwindigkeit.

Durch die standardisierte Massenproduktion konnten die Stückkosten gesenkt und der Export auf einem zunehmend globalisierten Weltmarkt begünstigt werden. Mit den steigenden Ausfuhren wuchs auch die deutsche Handelsflotte. Manche Firmen und Banken entwickelten sich unter diesen Umständen zu international tätigen Unternehmen. Ein wichtiges internationales Projekt war der Bau der Bagdadbahn, der maßgeblich durch die 1870 gegründete Deutsche Bank finanziert und vorangetrieben wurde. Daneben vollzogen sich, ähnlich wie in anderen Industriestaaten (zum Beispiel in den USA), in der Phase der Hochindustrialisierung auch Konzentrations- und Konzernbildungsprozesse. Kartelle dienten der Absicherung der Gewinne und dazu, die Konkurrenten vom Markt fernzuhalten. Solche Syndikate gab es etwa im Ruhrgebietsbergbau sowie in der chemischen Industrie (IG Farben). Schließlich stiegen während der zweiten industriellen Revolution auch die Löhne der Arbeiterschaft merklich an. Entsprechend den höheren Qualifikationsanforderungen differenzierte sich das Bildungssystem aus und neue Berufe entstanden im Banken- und Versicherungswesen, in der staatlichen Verwaltung sowie in der Industrie.

4.4 Die Industrialisierung verändert das Leben der Menschen

In der Phase der Hochindustrialisierung entstanden industrielle Wachstums- und Ballungsräume in verschiedenen Teilen Deutschlands. Das Alltagsleben und die sozialen Verhältnisse der Menschen wandelten sich gerade in diesen Regionen auf revolutionäre Weise. Viele Zeitgenossen beklagten die dramatische Umweltverschmutzung, andere meinten, dass man diese im Interesse der industriellen Entwicklung billigend in Kauf nehmen müsse. Die von Umweltbelastungen betroffenen Gewerbe (etwa die Fischerei) konnten ihre Interessen kaum gegen mächtigere Industrien geltend machen. Ein Umweltbewusstsein existierte im ausgehenden 19. Jahrhundert noch nicht.

Die verschiedenen Handwerksbereiche profitierten von oder litten unter der Hochindustrialisierung in sehr unterschiedlicher Weise. Handwerkliche Kleinbetriebe, die sich spezialisierten, konnten bisweilen gut überleben, andere mussten unter kümmerlichen Bedingungen Reparaturarbeiten durchführen, um sich über Wasser halten zu können. Ähnliches gilt für landwirtschaftliche Betriebe; viele Bauernhöfe, die nicht über die Mittel zur Finanzierung technischer Innovationen verfügten, rutschten zu kärglichen Subsistenzbetrieben herab.

Die zweite industrielle Revolution war gekennzeichnet von einer dramatischen Migration und Urbanisierung, also der Wanderung der (oft verarmten) Landbevölkerung in die Städte. In diesen urbanen Ballungsräumen wurden zahlreiche wie weitreichende soziale und infrastrukturelle Einrichtungen und Innovationen entwickelt. Um das Jahr 1900 entstanden in vielen deutschen Großstädten nicht nur neue Wohnsiedlungen, sondern auch Schulen, Krankenhäuser und leistungsfähigere Bahnhöfe; aus Theatern wurden lebhaft besuchte Kinos, Filme wurden Teil der bürgerlichen Kultur. Lichtdurchflutete Kaufhäuser standen für eine neue Konsum- und Erlebniswelt.

Die Hochindustrialisierung ging auch einher mit einer neuen Arbeitsdisziplin, mit rigiden Kontrollen der streng getakteten Arbeitszeit und der individuellen Arbeitsleistung.

Frauen waren in der ersten Phase der Industrialisierung noch vorwiegend in der Landwirtschaft tätig; dies änderte sich allmählich in der Phase der Hochindustrialisierung. Allerdings wurden Frauen in der Industrie in der Regel deutlich schlechter entlohnt als Männer; viele Frauen versuchten sich durch untergeordnete Tätigkeiten als Dienstmädchen oder als Fabrikarbeiterin eine bescheidene Existenz zu sichern. Nur wenige Frauen konnten sich auf die vermeintlich traditionelle Frauenrolle („Kinder, Küche, Kirche") konzentrieren; dies war nur dann möglich, wenn die Frauen mit einem materiell gut situierten Ehemann verheiratet waren. Für die Masse der Frauen war es ein unerreichbares bürgerliches Rollenbild; sie war zum Überleben zur Erwerbsarbeit gezwungen. Schwangerschaften mussten daher möglichst reduziert oder vermieden werden.

politische und ökonomische Rahmenbedingungen der Hochindustrialisierung

- Wegfall der Binnenzölle
- Kapitalbeschaffung durch Banken und Aktiengesellschaften
- staatliche Schutzzölle

Montanindustrie (Kohle und Stahl) und Eisenbahnbau schaffen Voraussetzungen für

- Elektrotechnik
- Chemieindustrie
- Maschinenbau

soziale, ökonomische und politische Folgen

- soziale Differenzierung
- Differenzierung des Bildungswesens
- höherer Lebensstandard

- Großkonzerne und Kartelle mit großer ökonomischer und politischer Macht entstehen
- Welthandel und Imperialismus

Hochindustrialisierung

- Migration
- urbane Ballungsräume entstehen

- städtische Infrastruktur
- Schulen, Krankenhäuser, Beleuchtung, Kanalisation, Kino, Kaufhäuser, Konsumtempel

- hohe Umweltbelastungen
- noch kein Umweltbewusstsein

- verschärfte Arbeits- und Zeitdisziplin
- unterbezahlte Frauenerwerbsarbeit
- Kleinfamilie entsteht

5.1 Ursachen und Theorien des Imperialismus

Technische und industrielle Errungenschaften (etwa die Dampfschifffahrt und die Telegrafie) ermöglichten im 19. Jahrhundert eine neue Qualität der europäischen kolonialen Expansion. In den letzten beiden Jahrzehnten des 19. Jahrhunderts dehnten die industrialisierten Nationen Europas sowie die USA, Japan und Russland ihre Herrschaftsgebiete in drastischer Weise aus. Die früheren Kolonialmächte Portugal, Spanien und die Niederlande gerieten ins Hintertreffen. Bei den neuen imperialistischen Ländern rückten neben ökonomischen Interessen auch Aspekte des nationalen Prestiges in den Vordergrund. An die Stelle der „indirekten Herrschaft", bei der lokale politische Eliten eine wichtige Rolle spielten, rückte nun die „direkte Herrschaft" der Kolonialmächte; man vertraute nicht mehr den lokalen Autoritäten, sondern entwickelte eigene Herrschaftsstrukturen, die indigene Herrschaften unterdrückte oder beseitigte. Dabei spielte die überlegene Waffentechnologie der Kolonialmächte eine wichtige Rolle.

Die Zeitgenossen betonten unablässig die Notwendigkeit der Gewinnung neuer Absatzmärkte und der Erschließung von Rohstoffquellen und Siedlungsgebieten für die eigene Bevölkerung. Legitimiert wurde die imperiale Politik durch die (vermeintliche) kulturelle, soziale und politische Überlegenheit der eigenen Nation oder „Rasse" über die „primitiven" kolonialisierten Völker. Diesen gegenüber habe man eine „Kulturmission", die dem Wohle aller Völker, insbesondere der unterentwickelten, diene.

Tatsächlich war die koloniale Expansion vor allem für das Deutsche Reich ein klares Verlustgeschäft. Die Gewinne aus der kolonialen Ausbeutung wurden privatisiert, die Kosten für die Infrastrukturpolitik (etwa den aufwendigen Eisenbahnbau oder die Militäreinsätze) hatten demgegenüber die Kolonialmächte bzw. die Steuerzahler zu tragen.

Der Imperialismus wird bisweilen als „Ventil" für innenpolitische soziale Spannungen in den imperialistischen Nationen gedeutet, durch das Klassenkonflikte gleichsam nach außen abgelenkt werden sollten. Das nationale Prestige, das durch die imperialistische Expansion gewonnen wurde, sollte innenpolitische Problemlagen überdecken oder verschleiern („Sozialimperialismus"). Sozial unterprivilegierte Menschen konnten sich nun mit ihrer „mächtigen" Nation identifizieren und dadurch von der Verfolgung ihrer eigenen vitalen Interessen abgelenkt werden. Immerhin ging es ihnen sozial und materiell erheblich besser als den Angehörigen „primitiver Völker", die „zivilisiert", versklavt oder gar ausgerottet wurden.

Auf der Berliner Afrika-Konferenz von 1885 wurden Regeln für den künftigen Erwerb von Kolonien aufgestellt und politisch-wirtschaftliche Interessensphären abgesteckt. Dem Sklavenhandel wurde ein formeller Riegel vorgeschoben. Dem Wettlauf um die letzten „weißen Flecken" auf der Weltkarte wurde damit kein Ende gesetzt, er setzte nun erst recht ein.

5.2 Der Imperialismus Großbritanniens und der USA

Die Weltmachtstellung Amsterdams wurde im 18. Jahrhundert durch die Vorherrschaft Londons abgelöst. England gründete vor allem seit dem 17. Jahrhundert Handels- und Siedlungskolonien in Übersee. Entsprechend wurde der Flottenbau vorangetrieben, der unter anderem dem Schutz der Kolonien und Handelsinteressen dienen sollte. Zu Beginn des 19. Jahrhunderts, als der Konkurrent Frankreich in Nordamerika teilweise ausgeschaltet war, verfügte England über weitreichende koloniale Besitzungen, die als Absatzgebiet für englische Industriegüter dienen sollten. Die englische Politik setzte bei der Ausweitung ihres Besitzes bevorzugt auf informelle Mittel. Zum Schutz des Handels griff die britische Regierung aber auch zu militärischen Mitteln – etwa beim Ersten Opiumkrieg in China (1839–1842). Dabei verfolgte die britische Regierung das Interesse eines Freihandelsimperialismus: Alle Nationen sollten ungehinderten Zugang zu allen Märkten haben.

Seit dem ausgehenden 19. Jahrhundert stand Großbritannien auch beim Wettlauf um Afrika an erster Stelle. Cecil Rhodes lieferte hierfür die klassisch gewordene ideologische Rechtfertigung: „Ich behaupte, dass wir die erste Rasse in der Welt sind und dass es für die Menschheit umso besser ist, je größere Teile der Welt wir bewohnen." Nachdem England sich erfolgreich die Kontrolle des Suezkanals gesichert hatte, besetzte es Ägypten (1882); es folgte eine Reihe weiterer Staaten. Man wollte eine zusammenhängende Kette von Gebieten von Ägypten bis nach Südafrika gewinnen (Kap-Kairo-Plan). Dabei geriet man erneut in Konflikt mit Frankreich. Im frühen 20. Jahrhundert herrschte das Britische Empire über ein Viertel der Erde.

Die US-amerikanischen kolonialen Bestrebungen galten zunächst der Vollendung der Binnenkolonisation auf dem nordamerikanischen Kontinent. Dabei wurde der spanische Einfluss im Süden der USA zurückgedrängt. Die Inbesitznahme gewaltiger spanischer sowie indianischer Gebiete wurde ideologisch mit dem Begriff „Manifest Destiny" (amerikanische Mission) untermauert. Die Monroe-Doktrin (1823) forderte von den Europäern, dass sie sich aus den inneramerikanischen Konflikten heraushalten sollten („Amerika den Amerikanern"), so wie sich die Amerikaner auch nicht in Konflikte in der alten Welt einmischen wollten. Die US-Amerikaner vertrieben die Spanier auch aus dem Pazifik und betrachteten ferner Mittelamerika als ihre Einflusssphäre, in der sie ihre Politik und ihre Interessen legitimerweise verfolgen könnten. Roosevelt erweiterte 1904 die Monroe-Doktrin. Er hielt fest, dass die USA es sich wünschen, ihre „Nachbarländer stabil, geordnet und blühend zu sehen. Jedes Land, dessen Bewohner sich gut betragen, kann unserer herzlichen Freundschaft sicher sein." „Chronisches Fehlverhalten" könne jedoch die Intervention einer zivilisierten Nation erfordern. Die US-Amerikaner müssten dann die Rolle eines „Weltpolizisten" einnehmen. Dabei würden sie nicht nur im eigenen Interesse handeln, sondern auch im Interesse der betroffenen Nationen sowie „im Interesse der Menschlichkeit allgemein."

ideologische Grundlagen:

- Nationalismus
- Sozialdarwinismus
- Rassismus
- Sendungsbewusstsein
- Missionierung

zeitgenössische Motive:

- Rohstoffquellen
- Absatzmärkte
- Siedlungsgebiete
- kulturelle Mission
- „Schürfrechte" für die Zukunft sichern
- Wohlstandsmehrung

historische Ursachen:

- Festigung der Nationalstaaten
- Hochindustrialisierung
- Kapital und Technik verfügbar
- Kapitalinvestitionen
- Sicherung von Einflussgebieten
- nationale Konkurrenz und Prestigepolitik
- Sozialimperialismus

Imperialismus

Folgen:

- **Verschärfung internationaler Spannungen**
- **„Europäisierung" der Welt**
- **willkürliche Grenzziehungen in Kolonien**
- **„Stellvertreterkriege" zwischen den Nationalstaaten**
- **gewisse Modernisierungen in Kolonien**

- gemeinsame Freihandelsinteressen
- globale Orientierung
- weltweit Stützpunkte

USA:

- Binnenkolonisation
- Zurückdrängung Spaniens
- Manifest Destiny
- Monroe-Doktrin
- Mittelamerika und Pazifik als „Hinterhof"
- Recht auf Intervention im Interesse der „Menschlichkeit"

Großbritannien:

- Ablösung der früheren Kolonialreiche Spaniens, Portugals und der Niederlande
- indirekte und direkte Herrschaft
- Ausschaltung Frankreichs in Nordamerika
- Interventionen in China und Afrika

britischer und US-amerikanischer Imperialismus

- **Einflusssphären sind räumlich getrennt – keine kolonialen Konflikte zwischen GB und USA**
- **gemeinsame Politik im 20. Jh.**
- **seit Mitte des 20. Jhs. Verlust kolonialer Machtstellungen**

5.3 Der deutsche Imperialismus

Der erste Reichskanzler des Deutschen Kaiserreichs, Otto von Bismarck, stand der Kolonialpolitik zunächst skeptisch bis ablehnend gegenüber. Er betrachtete Deutschland nach den Einigungskriegen und der Gründung des Deutschen Reichs (1871) als „saturiert". Bismarck sah den politisch konfliktträchtigen Charakter und das finanzielle Risiko einer Kolonialpolitik. Allerdings gab Bismarck dem Druck kolonialpolitischer Befürworter allmählich nach, die die finanziellen und politischen Chancen von kolonialen „Erwerbungen" betonten. Privatwirtschaftlichen Unternehmungen von Kolonialgesellschaften, die den finanziellen und militärischen Herausforderungen ihrer Unternehmungen nicht gewachsen waren, bot er Unterstützung an. Ihre „Erwerbungen" – vornehmlich in Afrika – wurden fortan als „Schutzgebiete" betrachtet, bis sie förmlich zu deutschen Kolonien wurden.

Unter Bismarcks Nachfolgern und unter dem „Neuen Kurs" des jungen Kaisers Wilhelm II. nahm die deutsche Kolonialpolitik eine neue imperialistische Qualität an, die dem nationalen und imperialen Prestigebedürfnis Rechnung tragen und zugleich die Zustimmung der Masse der Bevölkerung finden sollte (Sozialimperialismus, Herrschaftslegitimation). Die frühere behutsame Politik wich nun einer Linie, die internationale Konflikte bewusst in Kauf nahm, um vermeintlichen nationalen Geltungsansprüchen mehr Gewicht zu verschaffen.

Unter anderem intervenierte Deutschland massiv und unverhältnismäßig in China, nachdem ein deutscher Botschaftsangehöriger getötet worden war. Es zwang China zu Handlungen, die für das Land demütigend waren.

Ein wichtiges Kolonialprojekt war der vom Deutschen Reich projektierte Bau der Bagdadbahn von Konstantinopel bis Bagdad (beschlossen 1903). Der Bau berührte russische wie englische Interessen in der Region, die von Deutschland leichtfertig ignoriert wurden. Bis zum Ersten Weltkrieg wurde das erste Teilstück fertiggestellt. Insgesamt war die deutsche Kolonialpolitik für das Deutsche Reich – betrachtet man nur die ökonomische Seite – ein Verlustgeschäft.

Die Durchsetzung kolonialer Ansprüche war in der Regel mit Gewalthandlungen gegen die indigene Bevölkerung verbunden, die in den offiziellen Verlautbarungen als „Erziehungsmaßnahmen" oder als „legitime Strafen" dargestellt wurden. Solche repressiven Aktionen waren indes keine deutsche Besonderheit, sondern gängige Praxis auch der anderen Kolonialmächte.

Antikoloniale Aufstände wie etwa der Herero in Deutsch-Südwestafrika (1904–1907), die aus ihren Besitzungen vertrieben werden sollten, wurden brutal niedergeschlagen. Viele Herero wurden rücksichtslos in die Wüste getrieben, wo sie zum großen Teil umkamen. Ähnlich erging es den aufständischen Nama. Ein Aufstand in Deutsch-Ostafrika (1905–1907) gegen die Arbeitspflicht wurde ebenso grausam unterdrückt, dabei kamen wahrscheinlich Hunderttausende von Afrikanern ums Leben. Viele Historiker bezeichnen das als Völkermord. Auf die Entschädigungsforderungen der Nachkommen der von den Genoziden betroffenen Völker reagierte die Bundesrepublik Deutschland bislang hinhaltend.

5.4 Ausblick: Verschärfung internationaler Spannungen und Niedergang der Kolonialreiche

Manche Historiker werten den Imperialismus als „Vorspiel des Ersten Weltkriegs". Der Berliner Kongress (1878) konnte zwar zunächst Konflikte zwischen den europäischen Großmächten beilegen. Seit den 1890er-Jahren rückten alte Konflikte aber wieder in den Vordergrund und trugen zu einer angespannten Situation bei. Das britische Bestreben, ein zusammenhängendes Kolonialreich von Kairo bis nach Südafrika zu errichten, stieß mit französischen Interessen im Süd-Sudan zusammen (Faschoda-Krise). Der Konflikt konnte beigelegt werden und führte später (1904) zur Entente cordiale zwischen England und Frankreich.

In Marokko trafen französische auf deutsche Interessen. Nachdem das Deutsche Reich ein Kanonenboot in die umstrittene Region entsandt hatte, intervenierte England entsprechend der Entente cordiale für die französische Seite (1911). Deutschland musste sich zurückziehen und eine peinliche diplomatische Niederlage hinnehmen.

Der Erste Weltkrieg hatte viele Ursachen, eine war sicherlich die prestigeträchtige imperiale Konkurrenz um die Beherrschung möglichst großer Teile der Welt. Dieser Wettlauf hat eine rationale Verständigung bei den innereuropäischen Konflikten am Vorabend des Ersten Weltkriegs erschwert.

Durch den Versailler Vertrag verlor Deutschland seine Kolonien, sie wurden zu Mandatsgebieten des neu errichteten Völkerbunds. Der Ruf nach „deutschen Kolonien" wurde jedoch schon kurz nach dem Ersten Weltkrieg wieder laut. Auch andere Staaten strebten weiter nach Kolonien, so konnte sich Japan angesichts der inneren Krise und Schwäche Chinas die Mandschurei (seit 1931) einverleiben und seine Festlandsbesitzungen in Ostasien vergrößern.

Mit der Unabhängigkeit Indiens (1947) begann das Ende des gewaltigen Britischen Empires. In Afrika entwickelten sich zahlreiche Befreiungsbewegungen, die allermeisten afrikanischen Länder erlangten 1960 (dem „Jahr Afrikas") – oft nach blutigen Kämpfen gegen die jeweiligen Kolonialmächte – die staatliche Unabhängigkeit. 1990 wurde Namibia in die Unabhängigkeit entlassen. 1997 gab Großbritannien vertragsgemäß Hongkong an China zurück, es bildet heute eine Sonderverwaltungszone mit einer relativen Autonomie.

Das Zeitalter des Imperialismus kann damit als beendet gelten. Allerdings wirken die positiven (Modernisierung) wie prekären Folgen (willkürliche Grenzziehungen, Ausplünderung von Ressourcen) des Imperialismus bis in die unmittelbare Gegenwart nach.

Motive und Ziele:

- privates Gewinnstreben
- staatliche Prestigepolitik
- zusätzliche Herrschaftslegitimation
- Sozialimperialismus

→

deutsche Kolonialpolitik:

private Initiativen
↓
dt. Schutzgebiete
↓
Kolonien

↑

- dt. Kolonien: u. a. Deutsch-Südwestafrika, Deutsch-Ostafrika, Kamerun, Togo, Bismarck-Archipel, Kaiser-Wilhelm-Land
- dt. Kolonialprojekte: Bagdadbahn, Marokko, Besetzung des chin. Tsingtao, Pachtvertrag mit Kiautschou

→

Folgen:

- **deutsche Verwicklung in internationale Konflikte**
- **finanzielles Zuschussgeschäft**
- **Konkurrenz zu Frankreich und England verschärft sich**
- **Aufrüstung**

Ende des Imperialismus

koloniale Konflikte vor dem Ersten Weltkrieg:

- Faschoda-Krise 1898 (mündet in Entente cordiale)
- Marokko-Krisen 1905/1911

→

Erster Weltkrieg:

verstärkt Widerstände in Kolonien

→

zwischen den Weltkriegen:

- erste Erhebungen in Kolonien
- Deutschland verliert Kolonien durch Versailler Vertrag
- Japan erobert Mandschurei

→

Unabhängigkeitskriege nach 1945:

- 1947: Unabhängigkeit Indiens
- 1960: die meisten afrikanischen Staaten werden unabhängig

↓

Folgen des Imperialismus

- **willkürliche Grenzziehungen, die ethnische Konflikte bis in die Gegenwart auslösen**
- **politische Instabilität: Staatszerfall in einigen ehemaligen Kolonien**
- **unterschiedliche Modernisierungsgrade in ehemaligen Kolonialbesitzungen**
- **andauernde wirtschaftliche Ausplünderung durch Industriestaaten**
- **ökonomische und politische Abhängigkeit von ehemaliger Kolonialmacht im Zuge der Globalisierung**

5.5 Kriegsursachen und Kriegsbeginn

Der Erste Weltkrieg wird bisweilen als „Urkatastrophe des 20. Jahrhunderts" bezeichnet. Und tatsächlich sind die weltgeschichtlich bedeutsamen Prozesse des 20. Jahrhunderts ursächlich mit dem Ersten Weltkrieg verknüpft: der Versailler Vertrag, die krisenhafte Entwicklung nicht nur in Deutschland, sondern auch in einer Reihe anderer europäischer Staaten, das Scheitern der Weimarer Demokratie und der Aufstieg des Nationalsozialismus, der Zweite Weltkrieg und die anschließende Teilung der Welt im Kalten Krieg.

Während der erste Reichskanzler des Deutschen Kaiserreichs, Otto von Bismarck, das Deutsche Reich als „saturiert" ansah, erstrebten seine Nachfolger und Kaiser Wilhelm II. eine Weltmachtrolle für das Deutsche Reich. Deutschland sollte global expandieren und eine wesentliche Rolle in der Weltpolitik spielen. Entsprechend aggressiv trat die deutsche Regierung bei internationalen Konflikten auf. Die deutsche Kriegsflotte wurde systematisch ausgebaut und das englische Misstrauen gegenüber der deutschen Politik in Kauf genommen. Auch mischte sich die deutsche Politik in zahlreiche internationale und koloniale Konflikte ein. Die Folge war ein konfliktträchtiges Wettrüsten insbesondere zwischen Deutschland und England. England schloss 1904 ein Abkommen mit Frankreich, die Entente cordiale. 1907 folgte die Triple Entente, die nun auch Russland mit einbezog. Deutschland war damit von Gegnern umschlossen. Die Rüstungsbemühungen im feindlichen Ausland führten dazu, dass in Deutschland immer intensiver Überlegungen zu einem militärischen Präventivschlag gegen die Entente angestellt wurden.

Die Krisenstimmung in Europa wurde durch den Ersten und den Zweiten Balkankrieg zusätzlich angeheizt. 1912 drängten verbündete Balkanvölker die Türkei aus ihren europäischen Besitzungen, in einem weiteren Krieg 1913 kämpften diese Balkanvölker gegeneinander um die gewonnenen Territorien. Bereits hier drohte eine Eskalation der Machtrivalität zwischen Österreich-Ungarn und Russland, die auf dem Balkan um die Vorherrschaft rivalisierten. Als am 28. Juni 1914 ein serbischer Nationalist den österreichisch-ungarischen Thronfolger und dessen Frau im „Attentat von Sarajewo" ermordete, war dieser Anschlag der sprichwörtliche Funke im Pulverfass. Österreich sah die Chance, das von Russland unterstützte Serbien zu schwächen. Mit deutscher Rückendeckung („Blankocheck") stellte es an Serbien unannehmbare Forderungen. Die Vermittlungsversuche Englands wurden von Österreich-Ungarn, aber auch von Deutschland weitgehend ignoriert. Am 28. Juli 1914 erklärte Österreich-Ungarn, darauf hoffend, dass Russland letztlich doch keinen Konflikt wagen würde, Serbien den Krieg. Russland begann daraufhin mit der Mobilmachung. Die deutsche Planung für einen militärischen Konflikt („Schlieffen-Plan") sah jedoch einen bereits abgeschlossenen Aufmarsch des russischen Heeres nicht vor. Eine alternative Planung existierte nicht, weshalb sich die deutsche Regierung nun in den großen Krieg wagte. Sie erklärte am 1. August Russland und zwei Tage später Frankreich den Krieg. Gemäß dem Schlieffen-Plan marschierten deutsche Truppen in das neutrale Belgien ein, was auch England zum Kriegseintritt bestärkte.

Die aufgestauten Machtrivalitäten der Großmächte, die Bündnisautomatik und die Logik der deutschen Planung für einen großen militärischen Konflikt ließen den lokalen österreichisch-serbischen Konflikt zu einem weltweiten Flächenbrand werden: den Ersten Weltkrieg.

5.6 Der Erste Weltkrieg als „moderner" Krieg

1914 waren Millionen von Menschen in vielen europäischen Staaten bereit, für „ihre" Nation zu sterben. Vor allem die harte Realität des Kriegs desillusionierte viele Soldaten jedoch bald. Die Kriegsbegeisterung war ohnehin keine allgemeine, wie es der Mythos will, sie war eher beschränkt auf höhere soziale Schichten wie das akademische Bildungsmilieu.

Im Ersten Weltkrieg bedeutete „Realität des Kriegs" die Absage an den vermeintlich heldenhaften und ehrenvollen Kampf von „Mann gegen Mann". Der Krieg wurde mittels extrem kostenaufwendiger modernster Technologie geführt: mit weitreichenden Artilleriegeschützen, Flugzeugen, U-Booten (uneingeschränkter U-Boot-Krieg) und chemischen Waffen (Gaskrieg seit 1915). Gerade die chemischen Waffen waren nicht selten für die eigenen Truppen ebenso gefährlich wie für den Feind.

Um diesen technisch anspruchsvollen Krieg führen zu können, wurden die Volkswirtschaften der betreffenden Länder so weit wie nur möglich auf die Kriegführung ausgerichtet, vor allem unter Einsatz weiblicher Arbeitskräfte. Die Ausrufung des „totalen Kriegs" und die damit verbundene Mobilisierung aller verfügbarer Mittel auf die Rüstungsindustrie hatten zur Folge, dass sich die Versorgung der Zivilbevölkerung mit Lebensmitteln ganz erheblich verschlechterte.

Der von deutscher Seite geplante Bewegungskrieg erstarrte nach dem Scheitern des Schlieffen-Plans, der einen raschen Vormarsch und Sieg im Westen vorsah, um die dann frei werdenden Kräfte Russland entgegensetzen zu können, rasch in einem Stellungskrieg (Schützengräben). Dieser Stellungskrieg zeichnete sich durch enorm hohe Verluste an Menschenleben und durch Materialschlachten aus, bei denen keine Seite einen entscheidenden Durchbruch erzwingen konnte. Von alliierter Seite kamen schließlich modernste Panzer (Tanks) zum Einsatz, die den verlustreichen Stellungskrieg in Bewegung bringen sollten. Doch auch diese brachten keine kriegsentscheidenden Erfolge. Ebenfalls keinen kriegsentscheidenden Einsatz hatte die mit gewaltigen finanziellen Mitteln bis 1914 aufgestellte Kriegsflotte.

Lediglich im Osten konnte die Oberste Heeresleitung (OHL) im Kampf gegen Russland Erfolge verbuchen. Doch obwohl der russische Vormarsch gestoppt werden konnte und die Mittelmächte Deutschland und Österreich tief im „Feindesland" standen, waren sie von einem Sieg über das Zarenreich weit entfernt.

Bei der propagandistischen Kriegführung geriet Deutschland durch den Einmarsch ins neutrale Belgien im Sommer 1914 und durch eine Reihe von dort begangenen Verbrechen (Geiselerschießungen, Vernichtung der Bibliothek von Löwen) rasch ins Hintertreffen. Auch wenn dies von der deutschen Propaganda innerhalb Deutschlands anders kommuniziert wurde, war der Krieg eben kein Verteidigungskrieg, sondern ein aggressives Unternehmen, das die Gegenseite als barbarisch brandmarken konnte.

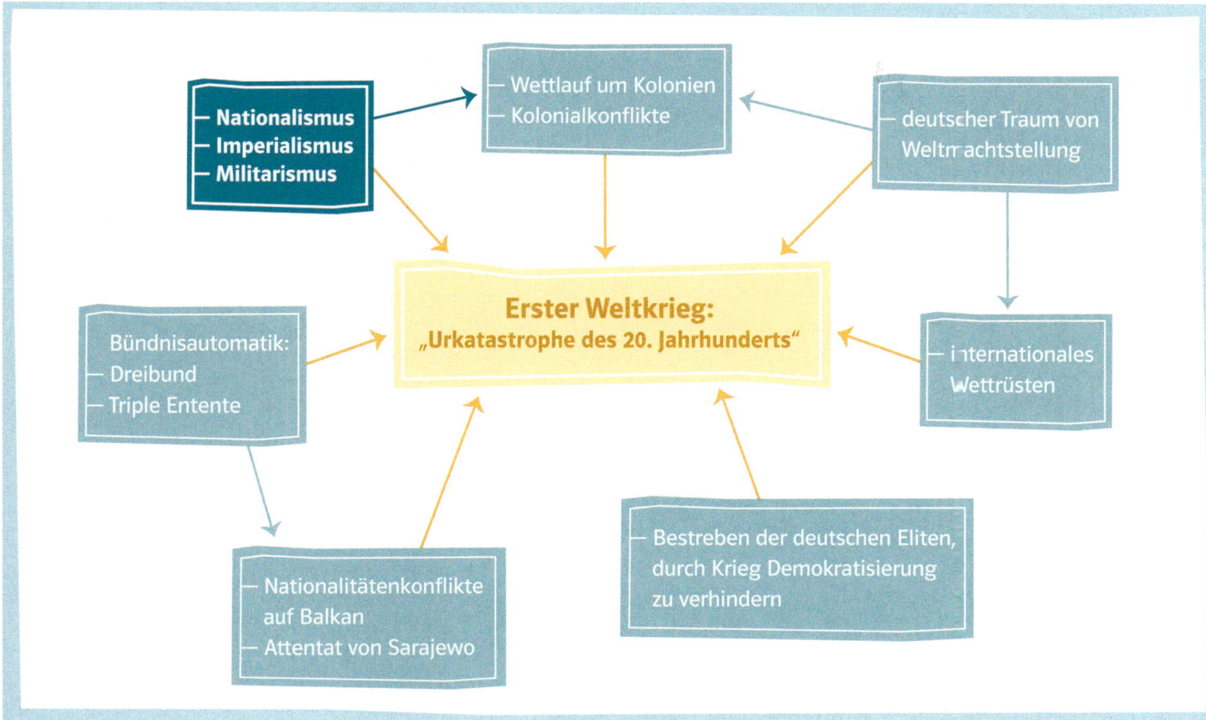

Nationalismus
Imperialismus
Militarismus
Wettlauf um Kolonien
Kolonialkonflikte
deutscher Traum von Weltmachtstellung
Erster Weltkrieg: „Urkatastrophe des 20. Jahrhunderts“
Bündnisautomatik:
Dreibund
Triple Entente
internationales Wettrüsten
Bestreben der deutschen Eliten, durch Krieg Demokratisierung zu verhindern
Nationalitätenkonflikte auf Balkan
Attentat von Sarajewo

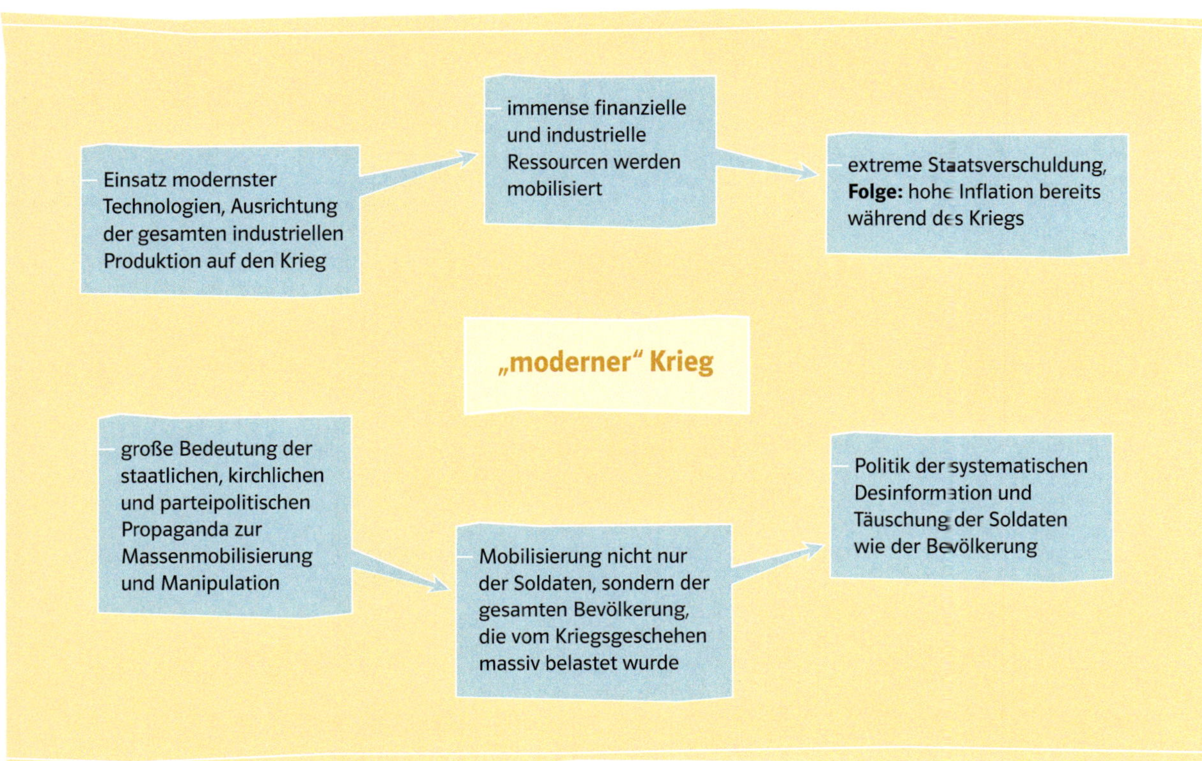

Einsatz modernster Technologien, Ausrichtung der gesamten industriellen Produktion auf den Krieg
immense finanzielle und industrielle Ressourcen werden mobilisiert
extreme Staatsverschuldung, Folge: hohe Inflation bereits während des Kriegs
„moderner“ Krieg
große Bedeutung der staatlichen, kirchlichen und parteipolitischen Propaganda zur Massenmobilisierung und Manipulation
Mobilisierung nicht nur der Soldaten, sondern der gesamten Bevölkerung, die vom Kriegsgeschehen massiv belastet wurde
Politik der systematischen Desinformation und Täuschung der Soldaten wie der Bevölkerung

5.7 Epochenjahr 1917

Im Jahr 1917 vollzogen sich zwei weltgeschichtliche Ereignisse:

1) Die USA traten aus politischen wie ökonomisch motivierten Gründen in den Krieg auf Seiten der Entente gegen die Mittelmächte ein: Hätten England und Frankreich den Krieg gegen die Mittelmächte verloren, hätten die Amerikaner die hohen Kredite, die sie England und Frankreich gewährt hatten, abschreiben müssen. Weiterhin profitierte das US-amerikanische Kapital von der Kriegspolitik. Zudem wollte der US-amerikanische Präsident Woodrow Wilson durch den Krieg eine neue, den Interessen der verschiedenen Nationen entsprechende demokratische Weltordnung etablieren. Die Leitideen hierzu formulierte er 1918 in seinen 14 Punkten.

2) Im zaristischen Russland kam es zu zwei Revolutionen, deren Ergebnisse die Geschichte des 20. Jahrhunderts maßgeblich beeinflussen sollten. Die nach diesen Revolutionen im Jahr 1922 gegründete Union der Sozialistischen Sowjetrepubliken (UdSSR) entwickelte sich zu einem welthistorisch entscheidenden Machtfaktor.

In Russland hatten im Frühjahr 1917 sozialrevolutionäre Kräfte angesichts der desaströsen materiellen und innenpolitischen Verhältnisse in der Februarrevolution den Zar zur Abdankung gezwungen (er wurde 1918 mit Billigung der neuen sowjetischen Führung von seinen Bewachern erschossen). Die neue Regierung der Sozialrevolutionäre (Provisorische Regierung) meinte aber den Krieg gegen die Mittelmächte fortführen zu müssen, obgleich die Versorgungsprobleme kaum mehr zu lösen waren. Sie verlor dabei zunehmend den Rückhalt der kämpfenden Truppen wie der leidenden Bevölkerung. Daher konnten die marxistischen Bolschewiki unter Wladimir Iljitsch Uljanow (Lenin) im Oktober 1917 durch einen gewaltsamen Militärputsch („Oktoberrevolution") in Petrograd die Provisorische Regierung entmachten.

Im Januar 1918 ließen die Bolschewiki dann die im November 1917 gewählte verfassunggebende Versammlung gewaltsam auflösen. Lenin versprach den unterdrückten Massen Frieden und Land, dem konnten die anderen politischen Kräfte wenig Überzeugenderes entgegenhalten. Weiterhin bot die neue bolschewistische Regierung den Mittelmächten einen sofortigen Waffenstillstand an. Um ihre Herrschaft in Russland sichern zu können, akzeptierte die neue Regierung den Separatfrieden von Brest-Litowsk („Raubfrieden"), durch den weite Teile des ehemaligen russischen Staatsgebiets den Mittelmächten preisgegeben wurden. (Im späteren Versailler Vertrag wurden diese von Deutschland diktierten Friedensbedingungen wieder annulliert.) Allerdings erfüllten sich Lenins Hoffnungen auf eine rasche Stabilisierung der bolschewistischen Herrschaft nicht, denn das Land versank in einen Bürgerkrieg zwischen Anhängern der alten zaristischen Ordnung, die von den Westmächten unterstützt wurden, und den bolschewistischen Truppen.

Auch für Deutschland war 1917 ein wichtiges Jahr: Die Bevölkerung litt dramatisch an den Kriegsfolgen („Hungerwinter"). Im Februar nahm Deutschland den „uneingeschränkten U-Boot-Krieg" auf, der mit der im März 1917 veröffentlichten Zimmermann-Depesche zum folgenreichen Kriegseintritt der USA führte. Anders als von der Obersten Heeresleitung (OHL) intendiert, konnte der U-Boot-Krieg aber nicht die alliierte Seeblockade gegen Deutschland brechen. 1917 verkündeten sozialdemokratische und linksliberale Kräfte in Deutschland durch eine Friedensresolution die Idee eines Verständigungsfriedens. Dieser Idee hielten die nationalistischen Konservativen die Idee eines Siegfriedens entgegen, der aber schon zu diesem Zeitpunkt unrealistisch geworden war.

5.8 Das Kriegsende

Der Separatfrieden von Brest-Litowsk im Frühjahr 1918 sollte die deutsche Kriegführung aus der fatalen Zweifrontenlage befreien. Doch die daran anschließenden Offensiven in Frankreich scheiterten im August 1918 und die erschöpften deutschen Truppen mussten sich zurückziehen.

Am 29. September 1918 gestand die Oberste Heeresleitung ihre militärische Niederlage ein und forderte von der deutschen Regierung die Aufnahme sofortiger Waffenstillstandsverhandlungen mit den Alliierten. Dabei zog sich die OHL aus der politischen Verantwortung heraus: Die Mitglieder der neuen zivilen Regierung, die jetzt an die Macht kam, sollten für die militärische Niederlage der Truppen geradestehen. Tatsächlich wurde die spätere demokratisch legitimierte Regierung in der Weimarer Republik mit den gewaltigen Problemen behaftet, die die kaiserliche Führung zu verantworten hatte.

Auch die deutschen Verbündeten (Bulgarien, Osmanisches Reich und Österreich-Ungarn) waren am Ende ihrer Kräfte und schlossen Waffenstillstände. Der Vielvölker-Doppelstaat Österreich-Ungarn zerfiel in Einzelstaaten.

Anfang Oktober trat Reichskanzler Graf Hertling zurück, er wurde abgelöst durch Prinz Maximilian von Baden. Durch innere Reformen suchte man nun die eigene Verhandlungsposition bei den Waffenstillstandsverhandlungen mit den Alliierten zu verbessern: Mit den Oktoberreformen des neuen Reichskanzlers wurde aus der konstitutionellen Monarchie eine parlamentarische. Der Waffenstillstand wurde dann am 11. November 1918 im französischen Compiègne unterzeichnet (der Zentrumspolitiker Matthias Erzberger, der die deutschen Verhandlungen geführt hatte und den Vertrag unterschrieb, wurde 1921 Opfer eines Anschlags von rechtsnationalistischen Gruppen). Der Krieg, der Millionen Todesopfer gekostet und das alte Europa der Monarchien zerstört hatte und auch in der übrigen Welt große Veränderungen hervorrief (Neuordnung Naher Osten, Aufstieg Japans etc.), war vorbei.

USA 1917

- seit Kriegsbeginn Kredite und Waffenlieferungen an England und Frankreich
- kriegsentscheidender Kriegseintritt der USA

Russland 1917

- schwere Kriegsniederlagen Russlands
- Februarrevolution und Abdankung des Zaren
- Provisorische Regierung führt Krieg fort
- Enttäuschung der Massen ermöglicht Oktoberrevolution der Bolschewiki

Deutschland 1917

- uneingeschränkter U-Boot-Krieg
- Zimmermann-Depesche
- Spaltung der Arbeiterbewegung in SPD und USPD (wegen Haltung zu Kriegskrediten)
- Friedensresolution (SPD, Zentrum, Linksliberale) scheitert gegenüber der konservativ-nationalistischen Idee eines Siegfriedens

---

- Kriegseintritt der USA 1917

→

- Friede von Brest-Litowsk bringt nicht die erhoffte militärische Entlastung

→

- Westoffensive 1918 scheitert, Dolchstoß-Legende wird geboren

→

- Hoffnung, innere Reformen würden Verhandlungen mit Alliierten begünstigen: daher Parlamentarisierung des Deutschen Reichs

→

- Waffenstillstand Nov. 1918 unterzeichnet von Matthias Erzberger

→

- Kriegsniederlage wird Demokraten, Sozialisten und Kommunisten angelastet
- OHL entzieht sich der Verantwortung
- Weimarer Demokratie wird mit Kriegsfolgeproblemen behaftet

6.1 Politischer Umbruch in Deutschland – vom Kaiserreich zur Weimarer Republik

Spätestens nach den gescheiterten Westoffensiven im Spätsommer 1918 musste klar sein, dass der Krieg für Deutschland verloren war. Gleichwohl gab die Marineführung am 25. Oktober 1918 den militärisch wie politisch absurden Befehl, zu einer „Entscheidungsschlacht" gegen England auszufahren. Daraufhin verweigerten die Matrosen den Gehorsam. Es kam zu Verhaftungen, die aber die Rebellion nur weiter anstachelten. Soldaten und Arbeiter wählten kurz darauf in Hafenstädten je einen Arbeiter- und Soldatenrat, der in den jeweiligen Städten die politische Macht übernahm. Die revolutionäre Stimmung breitete sich wie im Sturm auf das gesamte Deutsche Reich aus und innerhalb weniger Tage übernahmen Arbeiter und Gewerkschaftsführer vielerorts die politische Macht, während sich die Repräsentanten der alten Ordnung klammheimlich zurückzogen.

In Berlin verkündete der letzte Reichskanzler des Kaiserreichs, Prinz Maximilian von Baden, am 9. November eigenmächtig den Rücktritt des Kaisers und ernannte – ebenfalls eigenmächtig – den Führer der stärksten Reichstagsfraktion, Friedrich Ebert (SPD), zum neuen Reichskanzler. Noch am 9. November rief Philipp Scheidemann (SPD) die Republik aus. Diese stand nun vor ungeheuren Problemen, die die alte kaiserliche Regierung nicht gelöst hatte. Wie sollte man mit den „ungehorsamen" Revolutionären umgehen, wie sollte die neue politische Ordnung aussehen?

Friedrich Ebert bildete mit prominenten Repräsentanten der Sozialdemokratie und der von der SPD abgespaltenen USPD einen Rat der Volksbeauftragten. Dieser Rat sollte die Wahl zu einer Nationalversammlung vorbereiten, die ihrerseits eine neue Verfassung ausarbeiten sollte. Auch beim Reichskongress der Arbeiter- und Soldatenräte im Dezember 1918 votierte eine große Mehrheit für die Wahl einer Nationalversammlung. Die Arbeiter- und Soldatenräte, die nach dem Kriegsende vielerorts die Verwaltung übernommen hatten, lösten sich bald wieder auf.

Nach der Wahl im Reichskongress kam es in Berlin zu einem Aufstand der Linksradikalen (Teile der USPD und die von der SPD abgespaltene, eben erst gegründete Kommunistische Partei Deutschlands, KPD), die sich gegen die Wahlen zur Nationalversammlung richteten. Demokratiefeindliche Freikorps schlugen diesen Januaraufstand nieder. Die Führer des kommunistischen Spartakusbunds Rosa Luxemburg und Karl Liebknecht wurden verhaftet und ermordet. Dadurch vertiefte sich die verhängnisvolle Spaltung der Arbeiterbewegung.

Die Wahl zur Nationalversammlung (erstmalig durften auch Frauen wählen) fand im Januar 1919 statt. Bei ihr erreichte die SPD fast 38 Prozent der Stimmen, das Zentrum fast 20 Prozent und die linksliberale DDP 18,5 Prozent. Die monarchistisch-konservativen Kräfte blieben deutlich in der Minderheit.

Die Nationalversammlung wählte die neue Regierung, bestehend aus Parteien der Weimarer Koalition (SPD, Zentrum, DDP), und wählte Friedrich Ebert zum Reichspräsidenten. Sie beriet über eine neue Verfassung, die einen starken, über den Parteien stehenden Reichspräsidenten mit Sondervollmachten (Recht zur Auflösung des Reichstags, Notverordnungsrecht nach Artikel 48 sowie Wahl auf sieben Jahre) vorsah, das reine Verhältniswahlrecht bei Parlamentswahlen sowie die Grundrechte. Im August unterschrieb Friedrich Ebert die Verfassungsurkunde und die Weimarer Republik war geboren.

6.2 Friedensverträge 1919–1930

Im Herbst 1918 kapitulierten die Mittelmächte (Bulgarien, das Osmanische Reich, Österreich-Ungarn und Deutschland) in kurzer Folge. Für Deutschland unterschrieb am 11. November 1918 eine zivile Delegation unter dem Staatssekretär Matthias Erzberger den Waffenstillstand von Compiègne. Im Januar 1919 wurde in Paris eine Friedenskonferenz eröffnet, an der 32 Siegerstaaten teilnahmen. Die Kriegsverlierer waren zu den Verhandlungen nicht zugelassen.

Die entscheidenden Weichenstellungen wurden vom „Rat der Vier" (USA, England, Frankreich, Italien) erörtert und entschieden. Dem US-amerikanischen Präsidenten Wilson ging es darum, einen Völkerbund zur friedlichen Schlichtung territorialer Konflikte zu schaffen, außerdem sollten in Europa neue Staaten gebildet werden, um dem Prinzip der nationalen Selbstbestimmung Rechnung zu tragen. Frankreich wollte Deutschland militärisch und ökonomisch schwächen, der Rhein sollte die Westgrenze Deutschlands bilden. Die Kolonialmacht England wollte die deutsche Flottenkonkurrenz ausschalten. Vor allem England und die USA traten den französischen Zielen entgegen, auch wenn sie das französische Sicherheitsinteresse akzeptierten.

Als im Mai 1919 die Bedingungen des Versailler Vertrags in Deutschland bekannt wurden, ging ein Sturm der Entrüstung quer durch alle Parteien hindurch. Man hatte im Vertrauen auf Wilsons 14 Punkte mit einem „milden Frieden" gerechnet und war nun völlig entsetzt.

Deutschland sollte vor allem im Westen und Osten Gebiete abtreten, die allgemeine Wehrpflicht abschaffen und das Heer auf 100 000 Mann abrüsten, teilweise von den Siegern besetzt werden, hohe Reparations- und Sachleistungen entrichten, die Kriegsflotte und Handelsschiffe ausliefern. Als juristische und moralische Begründung diente der Kriegsschuldartikel 231, mit dem Deutschland die alleinige Kriegsschuld übernehmen sollte. In Deutschland wurde sogar diskutiert, ob man die Kampfhandlungen wieder aufnehmen sollte. Nach erbitterten Debatten musste sich eine neue deutsche Regierung den Bedingungen fügen und den Vertrag unterzeichnen.

Ziel aller Parteien war es nun, auf politischem Wege eine Revision von einzelnen Vertragsbestimmungen zu erreichen. Tatsächlich konnte die wirtschaftlich erschütterte Weimarer Republik in der Folgezeit eine Reduzierung der Reparationsleistungen bewirken. Um dem Ausland die Zahlungsunfähigkeit zu demonstrieren, ließ man die kriegsbedingte Inflation in astronomische Höhen ansteigen (Hyperinflation). Als Deutschland seinen Zahlungsverpflichtungen nicht gänzlich nachkam, besetzten 1923 belgische und französische Truppen das Ruhrgebiet (Ruhrkrise). Die deutsche Regierung rief darauf zu Generalstreiks, dem passiven Widerstand, auf. US-amerikanische Experten prüften nun die deutsche Zahlungsfähigkeit und entwickelten 1924 einen neuen Zahlungsplan (Dawes-Plan), der mit hohen US-amerikanischen Krediten an Deutschland verknüpft war.

Die Regierung unter Stresemann glaubte, dass eine Revision des Versailler Vertrags eher zu erringen war, wenn man Frankreich politisch entgegenkäme. In den Verträgen von Locarno (1925) erkannte Deutschland die vom Versailler Vertrag geschaffene deutsche Westgrenze an (nicht aber die neue Ostgrenze zu Polen). Deutschland wurde nun in den Völkerbund aufgenommen (1926). 1929 wurde ein neuer Zahlungsplan entwickelt, der Young-Plan, der von rechtsnationalistischen Kreisen erbittert bekämpft wurde.

- Matrosenmeuterei breitet sich rasch aus

- Arbeiter- und Soldatenräte übernehmen Macht

- Chancen zur Demokratisierung

- Arbeiter- und Soldatenräte lösen sich rasch wieder auf

- Rücktritt des Kaisers, Ausrufung der Republik, Rat der Volksbeauftragten

- Entscheidung für parlamentarische Demokratie, Wahl zur Nationalversammlung

- Aufstände von Linksradikalen, die von demokratiefeindlichen Freikorps niedergeschlagen werden

- Vertiefung der Spaltung der Arbeiterbewegung SPD – USPD – KPD

- Nationalversammlung erarbeitet Verfassung (allgemeines Wahlrecht / Volkssouveränität / Reichspräsident und Reichstag kontrollieren sich gegenseitig / elementare Grundrechte)

(zunächst) breite Basis für neue demokratische Ordnung: Weimarer Koalition (sozialdemokratisch geführte Reichsregierung mit Friedrich Ebert als Reichspräsident) steht vor schwierigsten Aufgaben

---

Versailler Vertrag 1919
- **Gebietsabtretungen**
- **Rüstungsbeschränkungen**
- **demilitarisierte Zonen**
- **Reparationen**
- **Art. 231: dt. Alleinschuld**

- neue Nationalstaaten entstehen
- Annullierung des Vertrags von Brest-Litowsk

- liefert Argumente für nationalistische Agitation gegen junge Demokratie und Republik
- provoziert politische Morde
- Destabilisation der Weimarer Demokratie

- Inflation soll dt. Zahlungsunfähigkeit demonstrieren, **Folge:** frz. Ruhrbesetzung und passiver dt. Widerstand 1923

↔

- Erfüllungspolitik mit dem Ziel der friedlichen Revision
- Dawes-Plan 1924/Young-Plan 1929 zur Regelung der Reparationsfrage
- Vertrag von Locarno: Anerkennung der Westgrenze
- Beitritt zum Völkerbund

Deutschland wird wieder diplomatisch „salonfähig“

6.3 Weimarer Reichsverfassung

Die Nationalversammlung, die die neue Verfassung des Reichs ausarbeiten sollte, wurde am 19. Januar 1919 gewählt und trat wegen des Januaraufstands anstatt in Berlin im thüringischen Weimar zusammen. Erstmals erhielten Frauen das Wahlrecht und das Wahlalter wurde herabgesetzt, wodurch sich die Zahl der Wahlberechtigten mehr als verdoppelte. Bei der Wahl errang die SPD fast 40 Prozent der Stimmen, die katholische Zentrumspartei etwa 20 Prozent und die linksliberale Deutsche Demokratische Partei (DDP) 18 Prozent. Damit erhielten die Parteien, die für einen demokratischen Neubeginn eintraten, eine klare Mehrheit. Dem stand die von der SPD abgespaltene USPD mit 7 Prozent, die rechtsliberale Deutsche Volkspartei mit etwa 4 Prozent und die rechtskonservative Deutschnationale Volkspartei (DNVP) mit 10 Prozent der Stimmen gegenüber.

Durch die am 31. Juli 1919 verabschiedete Weimarer Reichsverfassung erhielten die Länder – im Gegensatz zur Verfassung des Kaiserreichs und der späteren Bundesrepublik – nur eine vergleichsweise schwache Stellung. Die Verfassungsväter und -mütter befürworteten eher eine zentralistische Ordnung mit einer relativ starken Zentralgewalt. Einsprüche des Reichsrats (Länderkammer) gegen Gesetze des Reichstags konnten von diesem mit einer Zweidrittelmehrheit zurückgewiesen werden.

Gestärkt wurde die Macht des Wählers. Die Volkssouveränität wurde betont. In der Weimarer Republik wurde das reine „gerechte" Verhältniswahlrecht eingeführt, im Parlament wurden die Mandate entsprechend den abgegebenen Stimmen verteilt. Volksbegehren und Volksentscheide sollten die Mitwirkung der Bürger an der Gesetzgebung ermöglichen. Eine Sperrklausel, wie die 5-Prozent-Klausel in der späteren Bundesrepublik, gab es nicht, sodass auch zahlreiche Kleinstparteien Sitze im Reichstag erlangten. Auch besaßen Politiker keine eigenen Wahlkreise und waren somit keinen „eigenen" Wählern gegenüber verantwortlich.

Das Staatsoberhaupt, der Reichspräsident, sollte unmittelbar durch das Volk gewählt werden. Dieser Reichspräsident wurde mit umfassenden Vollmachten ausgestattet, er konnte das Parlament auflösen, er konnte unter bestimmten Umständen mit Hilfe des Notverordnungsparagrafen Artikel 48 Gesetze erlassen, die allerdings vom Reichstag wieder aufgehoben werden konnten. Der Reichspräsident erhielt schließlich auch den Oberbefehl über die Streitkräfte. Als die Weimarer Verfassung beraten wurde, hatte man bei der Ausgestaltung der Macht des Reichspräsidenten den als demokratisch verlässlich geltenden Friedrich Ebert (1919–1925) im Blick, aber nicht den rechts-konservativen, ehemaligen Feldmarschall Paul von Hindenburg (1925–1934), der sich der autoritären monarchischen Ordnung des Kaiserreichs verpflichtet fühlte.

6.4 Gesellschaft in der Weimarer Republik

Entgegen den Erwartungen der Revolutionäre kam es in der Revolution 1918/19 nicht zu einer Entmachtung der alten sozialen und politischen Eliten des Kaiserreichs. Sie dominierten auch weiterhin Wirtschaftsleben, Justiz, Armee, Bildungswesen, Staatsverwaltung und Diplomatie. Diese einflussreichen Gruppen sind vor allem gemeint, wenn von einer „Demokratie ohne Demokraten" die Rede ist. Durch die Inflation 1914–1923 hatten besonders die Angehörigen der bürgerlichen Mittelschicht ihr Vermögen verloren. Gleichzeitig bedrohten wirtschaftliche Veränderungen (Technisierung, Rationalisierung) viele bisherige Arbeitsplätze. Angst vor dem sozialen Abstieg ging um.

Das eng mit der DNVP verbundene, gehobene Wirtschaftsbürgertum hatte hingegen vom Weltkrieg profitiert. Unter ihm war die Ablehnung einer neuen demokratischen Ordnung besonders weit verbreitet. Zudem wollten diese wirtschaftlichen Eliten die sozialstaatlichen Zugeständnisse, die man 1918/19 an die Arbeiterbewegung hatte machen müssen, rückgängig machen.

Die reichen Mittel- und Großbauern in Preußen und Mecklenburg besaßen einen Großteil der landwirtschaftlichen Nutzflächen, bildeten aber nur einen winzigen Bevölkerungsanteil. Sie machten ihren Einfluss ebenfalls erfolgreich über die DNVP und später die NSDAP geltend. Die in den 1920er Jahren deutlich anwachsende Schicht der „neuen" Angestellten (Techniker, Ingenieure, Dienstleistungsberufe) fühlte sich teilweise politisch heimatlos, sie sah sich durch die konjunkturellen Schwankungen bedroht und war von der Angst geprägt, in das von ihr verachtete Proletariat abzurutschen. Diese „schwankenden" Mittelschichten, die zunächst überwiegend liberale Parteien wählten, bildeten später eine wichtige Klientel der NSDAP. Der „alte Mittelstand" (Handwerker, Einzelhändler u. ä.) fühlte sich durch den wirtschaftlichen Strukturwandel (Warenhäuser, Massenproduktion) ökonomisch bedroht und neigte später ebenfalls radikalen Parteien wie der NSDAP zu.

Die seit der Revolution politisch gespaltene Arbeiterschaft (die Wählerschaft der SPD, KPD, aber auch des Zentrums) lebte zwar vor der Weltwirtschaftskrise nicht mehr am Rande des Existenzminimums, war aber von den ökonomischen Krisen am heftigsten betroffen. Auf der anderen Seite genoss die Arbeiterschaft jetzt neue Freiheiten und kulturelle Gestaltungsmöglichkeiten. Allerdings gelang es dem kommunistisch orientierten Teil der Arbeiterschaft und den gemäßigteren Sozialdemokraten nicht, die während der „steckengebliebenen" Revolution 1918/19 entstandene Kluft zu überwinden, was nicht zuletzt den Gegnern der Republik aus dem rechten Spektrum zugute kam.

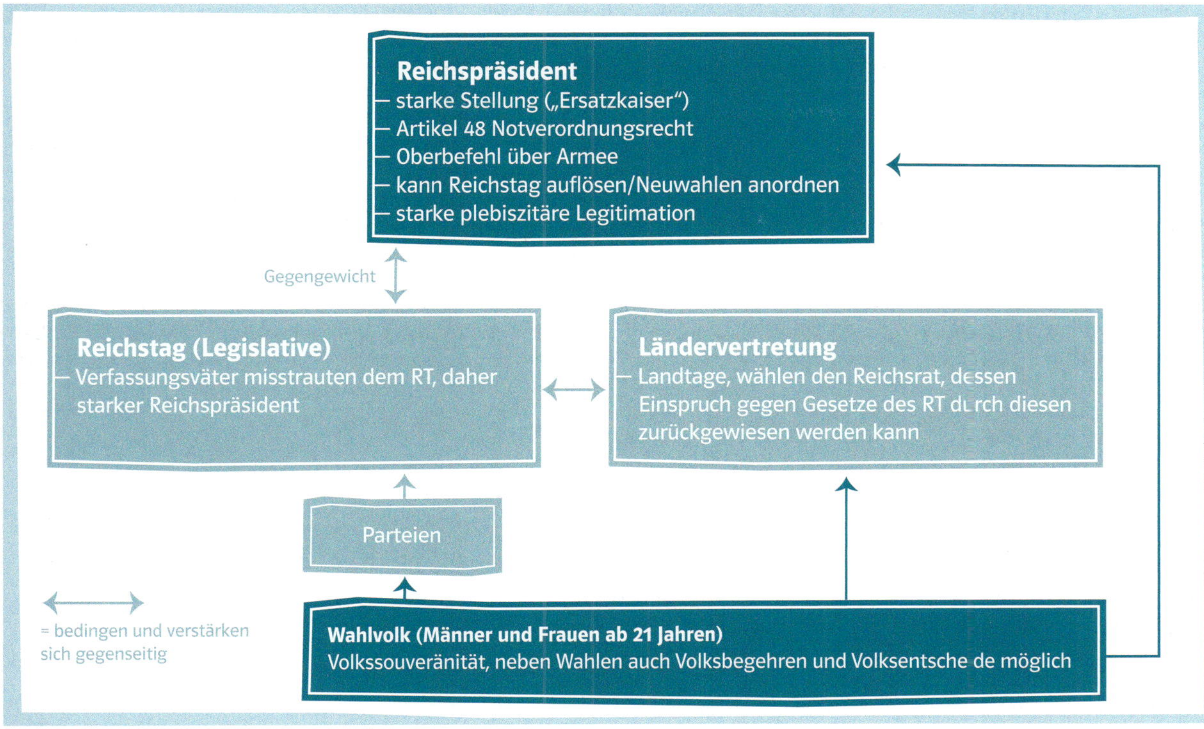
Reichspräsident
– starke Stellung („Ersatzkaiser")
– Artikel 48 Notverordnungsrecht
– Oberbefehl über Armee
– kann Reichstag auflösen/Neuwahlen anordnen
– starke plebiszitäre Legitimation
Gegengewicht
Reichstag (Legislative)
– Verfassungsväter misstrauten dem RT, daher starker Reichspräsident
Ländervertretung
– Landtage, wählen den Reichsrat, dessen Einspruch gegen Gesetze des RT durch diesen zurückgewiesen werden kann
Parteien
= bedingen und verstärken sich gegenseitig
Wahlvolk (Männer und Frauen ab 21 Jahren)
Volkssouveränität, neben Wahlen auch Volksbegehren und Volksentscheide möglich

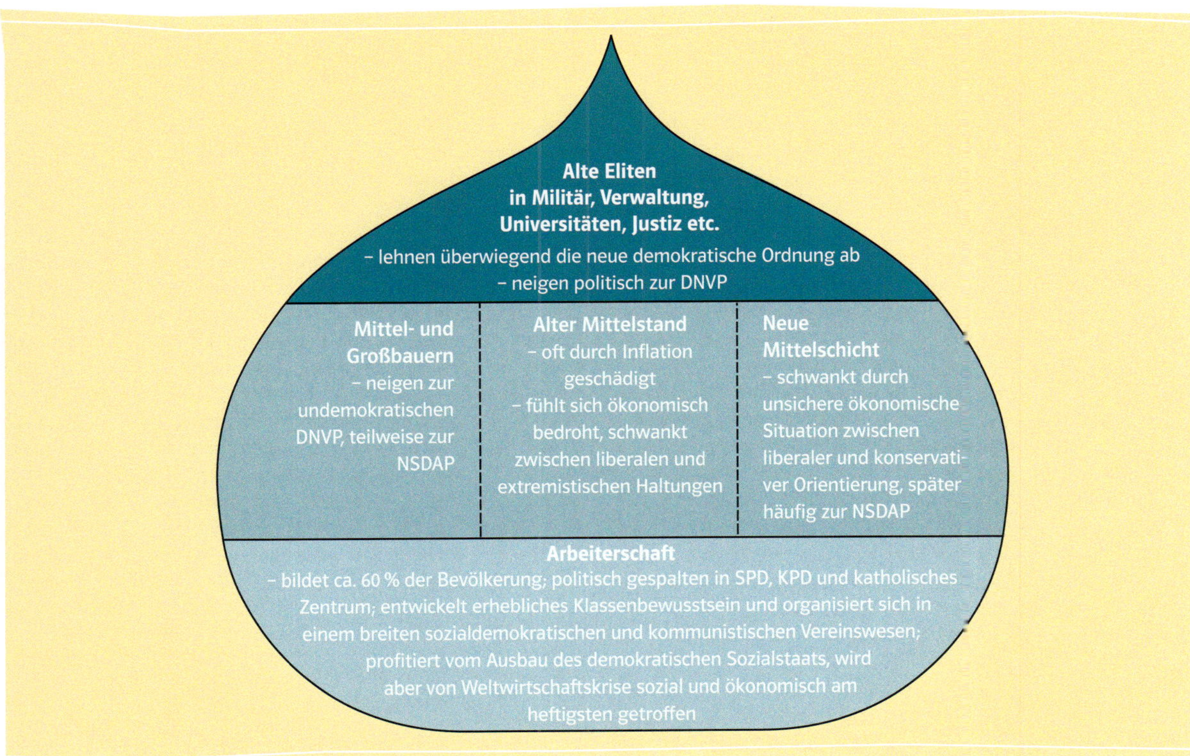
Alte Eliten in Militär, Verwaltung, Universitäten, Justiz etc.
– lehnen überwiegend die neue demokratische Ordnung ab
– neigen politisch zur DNVP
Mittel- und Großbauern
– neigen zur undemokratischen DNVP, teilweise zur NSDAP
Alter Mittelstand
– oft durch Inflation geschädigt
– fühlt sich ökonomisch bedroht, schwankt zwischen liberalen und extremistischen Haltungen
Neue Mittelschicht
– schwankt durch unsichere ökonomische Situation zwischen liberaler und konservativer Orientierung, später häufig zur NSDAP
Arbeiterschaft
– bildet ca. 60 % der Bevölkerung; politisch gespalten in SPD, KPD und katholisches Zentrum; entwickelt erhebliches Klassenbewusstsein und organisiert sich in einem breiten sozialdemokratischen und kommunistischen Vereinswesen; profitiert vom Ausbau des demokratischen Sozialstaats, wird aber von Weltwirtschaftskrise sozial und ökonomisch am heftigsten getroffen

6.5 Weltwirtschaftskrise und ihre Folgen

In den 1920er Jahren glaubten viele US-Amerikaner (und nicht nur diese) an den Traum immerwährenden Wirtschaftswachstums. Man lieh sich Geld bei den Banken, kaufte damit Aktien und mit den hohen Kursgewinnen wurden die Kredite bedient. Dieses System setzte eine ständige Hochkonjunktur voraus. Im Herbst 1929 platzte an der New Yorker Aktienbörse diese kreditfinanzierte Spekulationsblase und die Aktienkurse fielen in der Folgezeit dramatisch ab. Zahlungsverpflichtungen an die Banken konnten daher nicht mehr erfüllt werden. Finanzhäuser gerieten in eine Liquiditätskrise, zumal viele Sparer ihre Guthaben abhoben. Daher forderten die USA ihre ausländischen Kredite mit kurz- und mittelfristigen Laufzeiten zurück, was indes die davon betroffenen Länder, auch und gerade Deutschland, vor große Probleme stellte. Dies trug 1930/31 zum Zusammenbruch vieler Banken bei.

Die ökonomischen Folgen dieser Krise waren dramatisch: Aktienkurse brachen in vielen Staaten ein, Geldanleger standen häufig vor dem Nichts. Die Kaufkraft ließ spürbar nach und senkte damit auch die Produktion. Viele Unternehmen mussten Mitarbeiter entlassen, was wiederum die Kaufkraft schwächte, das Heer der Arbeitslosen wurde immer größer. Kurzarbeit oder Arbeitslosigkeit breitete sich aus. Allerorten wurden Löhne und damit die Kaufkraft (aber auch die Preise) gesenkt. Die nationalen Wirtschaften schotteten sich gegeneinander durch höhere Zölle ab (protektionistische Wirtschaftspolitik), der gesamte Welthandel ging zurück, ein Teufelskreis „nach unten" setzte ein.

Angesichts geringerer Steuereinnahmen und wachsender Sozialausgaben (die in der Weltwirtschaftskrise drastisch gesenkt wurden) gerieten die Staatshaushalte unter Druck. Nach den Erfahrungen der Nachkriegszeit wollte man in Deutschland um jeden Preis eine Inflation vermeiden und betrieb daher eine drastische Sparpolitik (Deflationspolitik). Dadurch wurde aber die Krise eher verschärft. Viele Staaten werteten nun ihre Währung ab, um den Export zu fördern und die Einfuhr fremder Waren zu verteuern, um so die heimische Wirtschaft zu schützen. Dieser Lösungsversuch konnte aber nicht greifen, wenn viele Staaten zu diesem Strohhalm griffen. Internationale Lösungsmaßnahmen kamen kaum zustande.

Die ökonomische Krise hatte überall auf der Welt weitreichende soziale und politische Folgen. Teile der verelendeten Arbeiter und der neuen Mittelschicht des alten Mittelstands, die sich von einer „Proletarisierung" bedroht fühlten, radikalisierten sich. Soziale, politische und ideologische Gegensätze verschärften sich und destabilisierten in vielen Staaten das demokratische Staatssystem.

6.6 Das Scheitern der Weimarer Republik

Für das Scheitern der Weimarer Republik gibt es viele Gründe, politische, ökonomische, strukturelle (etwa die Elitenkontinuität vom Kaiserreich zur Weimarer Republik oder Verfassungsmängel), soziale oder mentale (antidemokratische Traditionen). Es gab bereits 1919 starke Kräfte, die die Demokratie vehement bekämpften, die Errungenschaften der Revolution rückgängig machen und eine autoritäre Ordnung erschaffen wollten. Allerdings war die Weimarer Republik keineswegs „zum Scheitern verurteilt", vielmehr gab es auch Phasen der innenpolitischen Stabilisierung. Diese zaghafte innen- und außenpolitische Stabilität wurde nachhaltig durch die Weltwirtschaftskrise erschüttert. Diese traf Deutschland besonders hart, da es seit 1924 hohe Kredite von US-Banken erhalten hatte, die es nun rasch zurückzahlen sollte. Dies beschleunigte in Deutschland die ökonomische Krise, die sich auch zu einer politischen Krise ausweiten sollte.

1930 zerbrach an einer sozialpolitischen Fragestellung (geringfügige Erhöhung der Beiträge zur Sozialversicherung) eine große Mitte-Links-Koalition. Der seit 1925 amtierende Reichspräsident Hindenburg berief daher den Zentrumspolitiker Heinrich Brüning als Reichskanzler, dessen Regierung allerdings keine Mehrheit im Parlament fand. Die Neuwahlen 1930 endeten mit einem Überraschungssieg der extremistischen Parteien wie der KPD, besonders aber der NSDAP, die zur zweitstärksten Kraft wurde. Brüning konnte im Parlament keine regierungsfähige Mehrheit finden und regierte daher mit Hindenburgs Unterstützung weitgehend mittels Notverordnungen. Das Parlament verlor dadurch immer mehr an demokratischen Mitgestaltungsmöglichkeiten.

In dieser Zeit geriet generell das liberale politische System in eine Existenzkrise. Die Demokratien, die auf eine längere Tradition zurückblicken konnten, wie zum Beispiel England, Frankreich oder die USA, überstanden die ökonomische und soziale Krise, doch waren europaweit autoritäre Staatsmodelle auf dem Vormarsch.

Brünings Spar- und Deflationspolitik (siehe oben) verschärfte die ökonomische Krise. Hindenburg missfiel ferner, dass Brüning indirekt mit der SPD zusammenarbeitete, ermöglichte doch die SPD in manchen Fragen Parlamentsmehrheiten für die Politik Brünings („Tolerierungspolitik"). Einflussreiche Berater und Industrielle bedrängten Hindenburg, den NSDAP-Vorsitzenden Hitler zum Kanzler zu ernennen. Nach dem von Hindenburg erzwungenen Rücktritt Brünings kamen 1932 noch zwei andere Präsidialregime kurz an die Macht, das Kabinett von Papen und das Kabinett von Schleicher, die ebenfalls mit den ökonomischen und politischen Problemen nicht zurecht kamen. Papen beseitigte die letzte wichtige demokratische Bastion in Deutschland, die sozialdemokratisch geführte Minderheitsregierung in Preußen. Im Januar gab Hindenburg dem Drängen in seinem sozialen Umfeld nach und ernannte Hitler zum Reichskanzler in einem Kabinett, das mehrheitlich mit Konservativen besetzt war. Man meinte, auf diese Weise die Nationalsozialisten „einrahmen" und „zähmen" zu können.

Aktiencrash in New York 1929
Bankenkrise in USA

- US-Banken fordern aus Europa kurz- und mittelfristige Kredite zurück

- Banken geraten in Zahlungsschwierigkeiten und brechen zusammen
- Sparer heben ihr Guthaben ab

- Rückgang der Produktion
- Entlassungen, Kurzarbeit
- Massenarbeitslosigkeit
- Rückgang des Konsums

- Rückgang des Welthandels
- Nationalstaaten praktizieren Protektionismus

- weiterer Rückgang der Produktion und des Konsums
- weitere Entlassungen

- Steueraufkommen geht zurück, Staat spart
- **Deflationspolitik verschärft ökonomische Krise**

politische und soziokulturelle Ursachen für das Scheitern:
- geringe demokratische Tradition
- Elitenkontinuität
- fehlender Basiskonsens
- Nichtakzeptanz der Kriegsniederlage und des Versailler Vertrags
- Verfassungsmängel
- antisemitische Traditionen
- hohe Dauerarbeitslosigkeit auch in den „Goldenen Zwanzigerjahren"

Börsencrash und Weltwirtschaftskrise

- falsche ökonomische Konzepte
- Deflationspolitik verschärft Krise

- Interesse der politischen Eliten, eine autoritäre Ordnung zu etablieren und demokr. und sozialpol. Errungenschaften von 1918 rückgängig zu machen

- steigende Massenarbeitslosigkeit
- Bürgerkriegsähnliche Zustände in Deutschland

Präsidialregime sind mit Krisenmanagement überfordert, Krise verschärft sich, wachsender Druck auf Hindenburg, Ernennung Hitlers zum Reichskanzler

7.1 Politische Voraussetzungen des Nationalsozialismus 1920 – 1933

Die Weimarer Republik war von Beginn an mit zahlreichen Problemen und Belastungen konfrontiert, an denen sie letztlich scheiterte: die massive Staatsverschuldung und eine damit zusammenhängende Inflation, die Forderungen des Versailler Vertrags wie beispielsweise die zu leistenden Reparationszahlungen und Gebietsabtretungen, das zerstörte internationale Ansehen oder die nötige Versorgung von Hunderttausenden Kriegsinvaliden. Das alles waren Hinterlassenschaften des Kaiserreichs, für deren Lösung jetzt Demokraten verantwortlich gemacht wurden.

Führende Repräsentanten des Kaiserreichs (in der Verwaltung, der Justiz, den Universitäten, im Militär, in Industriellenkreisen), die immer noch in führenden Stellungen waren, lehnten die Demokratie ab und bekämpften sie vehement. Sie schufen den geistig-politischen Nährboden, auf dem sich antidemokratische Kräfte entfalten konnten. Diese wollten die Kriegsniederlage nicht hinnehmen und machten für die militärische Niederlage und die Kriegsfolgen demokratische Kräfte verantwortlich (Dolchstoßlegende). In dieser Stimmung ereigneten sich mehrere politische Morde, die in nationalistischen Kreisen auf mehr oder weniger offene Zustimmung stießen. 1920 und 1923 erlebte die junge Weimarer Republik Putschversuche (den Kapp-Lüttwitz-Putsch und den Hitler-Ludendorff-Putsch), die aber scheiterten.

Der Hitler-Ludendorff-Putsch sorgte dafür, dass die Nationalsozialistische Deutsche Arbeiterpartei (NSDAP), deren Parteivorsitzender Adolf Hitler war, bundesweit Bekanntheit erlangte. Doch bis 1929 war die NSDAP nur eine von zahlreichen nationalistischen und antisemitischen Splitterparteien, die gegen die Erfüllungspolitik, den Versailler Vertrag, die Reparationen und gegen den Parlamentarismus hetzten.

Die letzte Phase der Weimarer Republik war geprägt durch eine deutliche Verunsicherung, ausgelöst durch die Weltwirtschaftskrise seit 1929, was wiederum die antidemokratische Stimmung begünstigte. Demokratische Parteien verloren an Rückhalt und die letzte Regierung, die im Reichstag eine Mehrheit hatte, scheiterte 1930 an der Kompromissunwilligkeit der beteiligten Kräfte. Reichspräsident Hindenburg und ihm nahestehende einflussreiche Kreise nutzten die Situation, um die Macht des Reichstags mittels Notverordnungen systematisch auszuhöhlen und eine autoritäre Staatsform zu etablieren. Heinrich Brüning wurde Kanzler einer Präsidialregierung, die letztlich nur dem Reichspräsidenten verantwortlich war. Allerdings erwiesen sich diese Präsidialregierungen als nicht in der Lage, die ökonomischen Probleme der Republik zu meistern, Brünings Sparpolitik (Deflationspolitik) verschärfte vielmehr die ökonomische Situation und förderte die Massenarbeitslosigkeit.

In dieser sich verschärfenden Situation wurden die Nationalsozialisten, die inzwischen beachtliche Wahlerfolge feiern konnten, durch die zeitweise Zusammenarbeit mit bürgerlich-konservativen Kräften („Harzburger Front" von 1931) gleichsam hoffähig. Der antidemokratische Kult der Gewalt entlud sich seit 1930 immer mehr in bürgerkriegsähnlichen Zuständen, Wahlkämpfe wurden immer häufiger mit Fäusten und Waffen ausgetragen.

Von seinem Beraterkreis und aus Industriellenkreisen wurde Hindenburg nun bedrängt, Adolf Hitler zum Kanzler einer Präsidialregierung zu ernennen. Doch Hindenburg lehnte anfänglich ab. Nach dem politischen Scheitern der Kabinette unter Brüning, Papen und Schleicher gab Hindenburg dem Drängen jedoch nach und ernannte Hitler am 30. Januar 1933 zum Reichskanzler mit einer Regierung, in der die NSDAP nur zwei Minister stellte. Die NSDAP schien damit „gezähmt" bzw. von weniger radikalen Kräften „eingerahmt".

7.2 Die nationalsozialistische Ideologie

Die NS-Ideologie war als Theorie nicht stimmig, sondern eher eine Ansammlung von traditionellen Ressentiments gegen die Moderne. Sie stellte sich grundsätzlich gegen alle elementaren Errungenschaften und Herausforderungen der Amerikanischen und Französischen Revolution, sie war also gegen die universalen Menschenrechte, gegen die Gewaltenteilung, gegen die Demokratie und gegen die auf Konkurrenz basierende kapitalistische Marktwirtschaft. Die NSDAP wollte auch die politischen und sozialen Ergebnisse der Revolution von 1918 rückgängig machen.

Der „nationale Sozialismus" im Parteinamen der NSDAP blieb immer nebulös. So entsprach der (begrenzte) Antikapitalismus der NSDAP, der sich gegen das „raffende Kapital" der Börsen, Banken oder Spekulanten (im Gegensatz zum „schaffenden Kapital" der Industrie oder des Handwerks) richtete, keineswegs einer „sozialistischen" Haltung. Vielmehr wurden alle (international orientierten) sozialistischen Bestrebungen vehement bekämpft. Das galt für Parteien wie SPD und KPD, aber auch für Gewerkschaften und Arbeitervereine.

Ein Kernpunkt der nationalsozialistischen Ideologie war das hierarchische Führerprinzip, an dessen oberster Position Adolf Hitler als „Führer und Reichskanzler" stand: das System von Führer und Gefolgschaft, wobei die Willensbildung von oben nach unten durchgesetzt wird, sowie das System von Befehl und unbedingtem Gehorsam.

Gegen die modernen Prinzipien Demokratie, Gewaltenteilung, Pluralismus und Menschenrechte proklamierte der Nationalsozialismus die „Volksgemeinschaft", also die Gemeinschaft von Menschen vermeintlich gleicher und rassisch edler und wertvoller ethnischer Abstammung („Arier"). Alle Menschen dieser Volksgemeinschaft würden gleiche Interessen und Werthaltungen verbinden, gleichgültig, welchen sozialen Schichten sie angehören. Als „Schicksalsgemeinschaft" müsste dieses Volk der Arier im Daseinskampf der Völker um die Erweiterung seines Lebensraums kämpfen (Sozialdarwinismus). Bedroht sei die arische Volksgemeinschaft durch den „Bazillus" des fremden Bluts – damit waren in erster Linie Juden gemeint. Also gelte es, die Rasse rein zu halten und das gefährliche Fremde „gnadenlos auszumerzen" (Rassismus, Antisemitismus).

Dieses rassistische, vulgärdarwinistische Modell bildet die Basis nationalsozialistischen Denkens, es hatte mörderische Konsequenzen für Millionen von Menschen. Die Vorstellung einer rassisch einheitlichen wie gesunden Volksgemeinschaft hatte ferner Folgen für zahllose Menschen, die den daraus abgeleiteten Normen nicht entsprachen: homosexuell veranlagte Menschen, die als rassisch minderwertig erklärten Roma sowie geistig Behinderte, die als unheilbar Kranke und als Last für die Volksgemeinschaft betrachtet wurden.

Kriegsfolgen:
- Versailler Vertrag
- Reparationen
- Nicht-Akzeptanz der Niederlage
- Inflation

autoritäre Traditionen:
- Demokratiefeindlichkeit und mangelnde Kompromisskultur
- Militarismus
- Ablehnung des Parlamentarismus bei führenden Eliten

Verfassung:
- zu mächtiger Reichspräsident
- Art. 48 (Notverordnungsrecht)
- Art. 25 (Recht der Parlamentsauflösung)

gesellschaftliche Eliten:
- Kontinuität in Justiz, Militär, Universitäten, Schulen, Verwaltung

Belastungen der Weimarer Demokratie

↓

Zuspitzung der Krise der Demokratie durch Aushöhlung der Macht des Reichstags / Massenarbeitslosigkeit / Scheitern der Präsidialregime / bürgerkriegsähnliche Verhältnisse

↓

einflussreiche Kreise aus Industrie und Politik drängen Hindenburg, Hitler zum Reichskanzler zu ernennen

---

Antihaltungen:
- Antiliberalismus
- Antiparlamentarismus
- (Pseudo-)Antikapitalismus
- Antimarxismus
- Antipazifismus
- Antisemitismus

← **NS-Ideologie** →

tritt ein für:
- Volksgemeinschaft – eingeschworene Kampf- oder Schicksalsgemeinschaft – Kampf um „Lebensraum"
- rassische Reinheit des „Volkskörpers"
- Führerprinzip

7.3 Das Ende des Rechts- und Verfassungsstaats in Deutschland 1933/34

Den Nationalsozialisten gelang es rasch nach der Ernennung Hitlers zum Reichskanzler, die politische und soziale Macht in Deutschland zu monopolisieren und die demokratischen und rechtsstaatlichen Strukturen der Weimarer Republik zu zerschlagen. Dafür brauchte Hitler zunächst eine Zweidrittelmehrheit im Parlament, um die ihm notwendig erscheinenden Verfassungsänderungen durchzuführen. Aus diesem Grund überzeugte er Hindenburg, am 5. März 1933 Neuwahlen abhalten zu lassen.

In der Nacht vom 27. auf den 28. Februar 1933 brannte das Reichstagsgebäude. Als Brandstifter wurden die Kommunisten bezeichnet. Die Nationalsozialisten nutzten die Gunst der Stunde, um von Hindenburg eine rasche Notverordnung zum „Schutz von Volk und Staat" („Reichstagsbrandverordnung") zu erwirken, die zentrale Grundrechte außer Kraft setzte und Sondervollmachten für die Reichsregierung schuf. Damit wurden der nationalsozialistische Terror gegen politische Gegner und der Ausnahmezustand legalisiert.

Bei den Reichstagswahlen im März erreichte die NSDAP lediglich 43,9 Prozent der Stimmen, war also auf eine Koalition mit der DNVP angewiesen, um auf eine einfache Mehrheit im Parlament zu kommen. Am 23. März wurde dann das Ermächtigungsgesetz verabschiedet, das die Reichsregierung ermächtigte, ohne parlamentarische Zustimmung selbst Gesetze zu erlassen. Dies war das Ende der parlamentarischen Demokratie und der Gewaltenteilung. Möglich wurde das Gesetz, weil die kommunistischen Mandate zuvor annulliert worden waren und die anderen Parteien außer der SPD geschlossen für das Ermächtigungsgesetz stimmten.

Durch ein Gleichschaltungsgesetz wurden in den Länderparlamenten die Sitze entsprechend den Sitzverhältnissen im Reichstag festgelegt. In allen Ländern herrschte nun die NSDAP mit der DNVP. Damit wurde eine Opposition durch die Reichsländer ausgehebelt.

Durch das „Gesetz zur Wiederherstellung des Berufsbeamtentums" vom 7. April 1933 wurde der Beamtenapparat von Juden und oppositionellen Kräften „gesäubert". Am 2. Mai wurden die Gewerkschaften zerschlagen. Damit wurden Oppositionskräfte auch im vorparlamentarischen Bereich beseitigt. In der Folgezeit lösten sich die bürgerlichen Parteien selbst auf, die SPD wurde verboten, die Einparteiendiktatur war damit rasch etabliert.

Bereits im März 1933 war das Ministerium für Volksaufklärung und Propaganda unter Joseph Goebbels eingerichtet worden. Mit diesem Apparat wurde der Kunst- und Kulturbetrieb gleichgeschaltet. Wer im Kulturbetrieb oder journalistisch tätig werden wollte, musste nun Mitglied in Organisationen sein, die vom Ministerium kontrolliert wurden.

Die innerparteiliche Opposition innerhalb der NSDAP bzw. der SA, die sich eine besondere Rolle im neuen System erhofft hatte, wurde durch die Morde im Umkreis des „Röhm-Putsches" von 1934 beseitigt. Hitler entledigte sich bei dieser Gelegenheit mithilfe der SS und der Reichswehr seiner innerparteilichen Konkurrenten aus der SA und früheren Widersacher aus dem konservativen Milieu.

Unmittelbar vor dem Tod Hindenburgs im Sommer 1934 schaffte Hitler das Amt des Reichspräsidenten per Gesetz ab. Hitler vereinigte in seiner Person nun das Amt des Reichspräsidenten und das des Reichskanzlers als „Führer und Reichskanzler". Die Angehörigen der Reichswehr wurden auf seine Person vereidigt. Hitler besaß nun die uneingeschränkte Macht in Deutschland.

7.4 Das Herrschaftssystem des NS-Staats

Im NS-Staat gehörten Kompetenzgerangel und Meinungsverschiedenheiten zur Tagesordnung. Neben den staatlichen Verwaltungs- und Regierungsstellen wurden parallel auch zahlreiche Parteigliederungen etabliert, die bezüglich ihrer Kompetenzen miteinander konkurrierten. Dies lag nicht zuletzt daran, dass Hitler als „Führer" häufig keine klaren Anweisungen gab bzw. neben staatlichen Behörden Parteieinrichtungen mit Sondervollmachten schuf.

Innerhalb des diktatorischen Einparteiensystems des „Dritten Reichs" sollten oppositionelle Kräfte eingeschüchtert und/oder ausgeschaltet werden. Diesem Ziel dienten als Institutionen die Gestapo und die bereits 1933 eingerichteten Konzentrationslager („Schutzhaft"), als gesetzliche Maßnahmen vor allem das Heimtückegesetz. Die Nationalsozialisten konnten sich ferner auf zahlreiche Denunzianten aus der Bevölkerung verlassen, die tatsächliche oder vermeintliche Gegner des Systems an Parteistellen verrieten.

Andererseits mussten die Nationalsozialisten auch um die Zustimmung der Bevölkerung werben, um ihre weitreichenden politischen und militärischen Weltmachtziele durchsetzen zu können. Tatsächlich fand das Regime relativ rasch eine breite Zustimmung in der Bevölkerung. Gründe dafür waren die erfolgreiche Revisionspolitik, als Bestimmungen des Versailler Vertrags gebrochen wurden und das Ausland diese Vertragsverletzungen hinnahm. Ferner stieß der rassistische Kampf gegen Minderheiten durchaus auf Zustimmung. Und schließlich gelang den Nationalsozialisten eine deutliche Reduzierung der Arbeitslosenzahlen. Möglich wurde dies etwa durch den Reichsarbeitsdienst (RAD), die militärische Aufrüstung, die Wiedereinführung des Wehrdiensts sowie durch die konjunkturelle Erholung. Diese Erfolge gab es aber nicht ohne Preis: Die Löhne stagnierten auf niedrigem Niveau und die Arbeitszeit wurde verlängert. Und der Wirtschaftsaufschwung durch Rüstungsproduktion war mit einer massiven Staatsverschuldung verbunden, die durch die spätere Kriegführung wieder behoben werden sollte.

Die Gleichschaltung der öffentlichen Meinung durch einheitliche ideologische Informationen diente der Herrschaftssicherung des NS-Regimes (etwa durch den „Volksempfänger"). Betrieben wurde diese öffentliche Gleichschaltung vor allem durch das Propagandaministerium und die Deutsche Arbeitsfront. Neben den Medien erfolgte die Massenmanipulation auch durch die nationalsozialistische Festkultur mit ihren gewaltigen Aufmärschen. Diese sollten Gemeinschaftserlebnisse stiften und die Bevölkerung in nationalsozialistische Aktivitäten einbinden. Zugleich wurden auf diese Weise die Menschen unterschwellig auf den künftigen Krieg vorbereitet, indem sie bei diesen mit großem logistischen Aufwand inszenierten, disziplinierten Massenveranstaltungen gleichsam militaristische Praktiken und Denkmuster einübten.

„Machtergreifung" 1933/34

Ministerium für Volksaufklärung und Propaganda
- Kontrolle der Medien
- Bücherverbrennungen

Ermächtigungsgesetz:
- Macht des Reichstags beseitigt
- Regierung kann Gesetze erlassen
- Aufhebung der Gewaltenteilung

Gleichschaltung der Länder

Neuwahlen zum Reichstag März 1933
- Ziel: Zweidrittelmehrheit

Gesetz zur Wiederherstellung des Berufsbeamtentums

Notverordnung zum Schutz von Volk und Staat
- Beseitigung der Grundrechte
- Legalisierung des Terrors
- Schutzhaft / Konzentrationslager

Verbot der Gewerkschaften

Verbot bzw. Selbstauflösung aller Parteien außer der NSDAP

Tod Hindenburgs 1934:
- Hitler wird „Reichskanzler und Führer"
- Vereidigung der Reichswehr auf Hitler

„Röhm-Putsch" 1934:
- Beseitigung innerparteilicher Gegner

- **Monopolisierung der Macht im politischen und vorpolitischen Raum**
- **Ausschaltung der politischen Institutionen der Weimarer Demokratie**
- **Aushöhlung der Verfassung**
- **Beseitigung politischer Gegner**
- **Monopolisierung des Kulturbetriebs**

„Doppelstaat":
staatliche Institutionen konkurrieren mit Parteigliederungen =
„Polykratie" und Kompetenzgerangel,
„Führer" hat das letzte Wort

Sicherung der Macht durch:

Einschüchterung, Repression und Terror (weitgehend staatlicher und juristischer Kontrolle entzogen)
- KZ / Schutzhaft
- Heimtückegesetz
- Gestapo (Überwachung des „Volkskörpers")
- Denunziationswesen
- Willkürherrschaft

Zustimmung zum NS-Regime, Integration
- Kraft durch Freude
- Festkultur, Massenveranstaltungen
- Gemeinschaftserlebnisse
- Jugendorganisationen
- Volksempfänger
- Arbeitsbeschaffungsmaßnahmen (RAD, Rüstungsproduktion)

Problem Staatsverschuldung, sollte durch eine künftige Kriegsbeute bezahlt werden

7.5 NS-Außenpolitik bis 1939

Laut seiner offiziellen Verlautbarungen verfolgte das NS-Regime eine Politik der friedlichen Revision des Versailler Vertrags. Tatsächlich aber – und das machte Hitler in internen Erklärungen unmissverständlich klar – ging es in der NS-Außenpolitik nicht nur um eine Wiedererlangung der internationalen Gleichberechtigung Deutschlands. Hitler beschwor vielmehr die führende Rolle der „arischen Rasse“ in der Weltpolitik.

Zunächst aber ging es nach der „Machtergreifung“ darum, das vom Nationalsozialismus verunsicherte europäische Ausland zu beschwichtigen. Dem dienten das in größter Eile mit dem Vatikan ausgehandelte Reichskonkordat (1933), das das NS-Regime diplomatisch aufwertete, sowie der Nichtangriffspakt mit Polen (1934).

Als Hitler einigermaßen sicher im Sattel saß und das Saarland mit großer Abstimmungsmehrheit dem Deutschen Reich eingefügt worden war, wurden in der Außenpolitik tiefere Nadelstiche gegen die früheren Kriegsgegner gesetzt – die jetzigen Maßnahmen verstießen eklatant gegen die Bestimmungen des Versailler Vertrags. 1935 wurde die allgemeine Wehrpflicht wieder eingeführt, die deutsche Armee (jetzt als „Wehrmacht“ bezeichnet) wurde drastisch vergrößert. Rasch darauf folgte das britisch-deutsche Flottenabkommen, das eine deutsche maritime Wiederaufrüstung ermöglichte. 1936 wurde das entmilitarisierte Rheinland von deutschen Truppen besetzt, was die Alliierten zähneknirschend hinnahmen. Im selben Jahr unterstützten die Deutschen den Putsch der spanischen Faschisten gegen die spanische Republik (Legion Condor) und erprobten die neue deutsche Luftwaffe bei der Auslöschung der baskischen Stadt Guernica. In dieser Zeit wurde die Achse Berlins mit dem faschistischen Italien geschmiedet (Achse Berlin–Rom). 1938 kam es zu dem „Anschluss“ Österreichs an das Deutsche Reich, der in Deutschland wie in Österreich frenetisch bejubelt wurde. Dann setzte die Nadelstichpolitik gegen die junge Tschechoslowakei im überwiegend von Deutschen besiedelten Sudetenland ein. Vor dieser erpresserischen Politik mussten nicht nur die Tschechen kapitulieren, hier gaben auch die Alliierten nach. Auf der Münchner Konferenz 1938 billigten sie Hitlers Forderungen (Appeasementpolitik). Dies geschah in der Hoffnung, dass die Nationalsozialisten nun endlich ihre Ziele erreicht hätten, ohne dass es zu einem erneuten Krieg gekommen wäre. Erst als die Nationalsozialisten im Frühjahr 1939 die „Rest-Tschechei“ besetzten, entschlossen sich England und Frankreich zu einer deutlicheren Haltung gegenüber der aggressiven Revisionspolitik Deutschlands und gaben Garantieerklärungen gegenüber dem bedrohten Polen ab.

Da die Westmächte der UdSSR unter ihrem Diktator Josef Stalin misstrauten, kam es zu keiner Vereinbarung zwischen der UdSSR und den westlichen Staaten. Stalin wollte aber vor einem befürchteten Angriff des nationalsozialistischen Deutschlands noch Zeit gewinnen und schloss daher mit den Deutschen einen Vertrag. Dieser Hitler-Stalin-Pakt (August 1939), der in einem geheimen Zusatzprotokoll eine Aufteilung Polens zwischen Deutschland und der Sowjetunion vorsah, ermöglichte Hitler den Angriff auf Polen im September 1939.

7.6 Der Zweite Weltkrieg

Am 1. September 1939 wurde Polen vom Deutschen Reich überfallen und rasch erobert. In weiteren „Blitzkriegen“ wurden bis Juni 1940 Dänemark, Norwegen, die Beneluxstaaten sowie Nordfrankreich besetzt. Gemeinsam mit Italien kämpfte die Wehrmacht, insgesamt wenig erfolgreich, auf dem Balkan, in Griechenland und in Teilen Nordafrikas.

Der Versuch, die Lufthoheit über England zu gewinnen, scheiterte an der englischen Abwehr, der Plan einer Invasion musste daher aufgegeben werden.

Seit 1940 bestand ein Bündnis zwischen dem Deutschen Reich und Japan (Achse Berlin–Rom–Tokio), das 1941 den US-amerikanischen Flottenstützpunkt in Pearl Harbor auf Hawaii angriff. Daraufhin erklärte Deutschland den USA ebenfalls den Krieg. Damit manövrierten sich beide Partner in eine militärisch letztlich hoffnungslose Situation.

Im Juni 1941 begann das Unternehmen „Barbarossa“, ein Vernichtungsfeldzug gegen die Sowjetunion. Ziel war die Gewinnung neuen „Lebensraums“ für die „arische Rasse“. Die Vertreibung und Vernichtung der „minderwertigen“ slawischen Bevölkerung sowie die systematische Ausplünderung Russlands gehörten zum zentralen strategischen Konzept der deutschen Kriegführung. An den zahllosen Verbrechen, die Deutsche in Polen und in der Sowjetunion (und andernorts) verübten, war entgegen anders lautender Behauptungen nicht selten auch die Deutsche Wehrmacht maßgeblich beteiligt, keineswegs nur die SS. Das Unternehmen „Barbarossa“ endete für Deutschland katastrophal mit der Schlacht von Stalingrad, bei der Hitlers 6. Armee im Winter 1942/43 vollständig aufgerieben wurde. Hunderttausende Menschen, sowjetische und deutsche Soldaten und unzählige sowjetische Zivilisten starben allein bei dieser Schlacht. Nach Stalingrad rief Joseph Goebbels zum „totalen Krieg“ auf.

Da immer mehr deutsche Männer in die Wehrmacht eingezogen wurden und damit nicht mehr in ihren Betrieben arbeiten konnten, wurden nun männliche und weibliche Kriegsgefangene und Zwangsarbeiter in immer größerem Umfang zu Sklavenarbeiten in der deutschen Landwirtschaft und vor allem der Rüstungsindustrie eingesetzt. Da Deutschland nur über begrenzte Ressourcen verfügte und an eine Selbstversorgung (etwa mit Benzin) nicht zu denken war, war die deutsche Kriegswirtschaft der der Alliierten dennoch weit unterlegen.

Nachdem die „Luftschlacht über England“ verloren worden war, die deutsche Kriegführung in Afrika unter anderem von England zum Stillstand gebracht werden konnte und der deutsche Vormarsch in der Sowjetunion stockte, wendete sich das Blatt endgültig. Durch zahllose Bombenangriffe Englands und der USA wurden vor allem deutsche Städte zerstört, weniger indes Industrieanlagen. 1943 wurde die 6. Armee in Stalingrad eingekesselt, im selben Jahr landeten die Alliierten auf Sizilien. Italien kapitulierte rasch. 1944 landeten die Alliierten in der Normandie, befreiten Frankreich und rückten rasch gegen die Reichsgrenze vor. Zeitgleich rückte die Rote Armee gegen Westen vor und gelangte 1945 aufs Reichsgebiet. Hitler beging am 30. April 1945 Selbstmord, sein Nachfolger Admiral Dönitz musste am 8. Mai bedingungslos kapitulieren. Im Pazifik ging der Krieg noch weiter, bis die USA zwei verschiedene Atombomben, einen völlig neuen Waffentyp, mit verheerenden Folgen an den japanischen Städten Hiroshima und Nagasaki erprobten. Im September 1945 kapitulierte daraufhin auch Japan. Der Zweite Weltkrieg, der schätzungsweise 55 Millionen Menschen das Leben gekostet hatte, war vorbei.

außenpolitische Ziele des NS-Regimes:
- Revision des Versailler Vertrags
- „Lebensraum" im Osten
- Germanisierungspolitik im Osten

Täuschungsmanöver und friedliche Maßnahmen:
- „Friedensreden" Hitlers
- Reichskonkordat 1933, dadurch Aufwertung des NS-Systems
- Nichtangriffspakt mit Polen 1934
- Saarabstimmung 1935
- Hitler-Stalin-Pakt 1939

Unfriedliche Maßnahmen / Vertragsbrüche / militärische Aktionen:
- Enthüllung der wahren Ziele gegenüber Generälen Feb. 1933
- Einführung der allg. Wehrpflicht 1935
- dt.-brit. Flottenabkommen 1935
- Remilitarisierung des Rheinlands 1936
- Unterstützung des Franco-Putsches in Spanien (Bombardierung von Guernica) 1936/37
- „Anschluss" Österreichs 1938
- Sudetenkrise 1938, Besetzung der „Rest-Tschechei" 1939
- Angriff auf Polen 1939

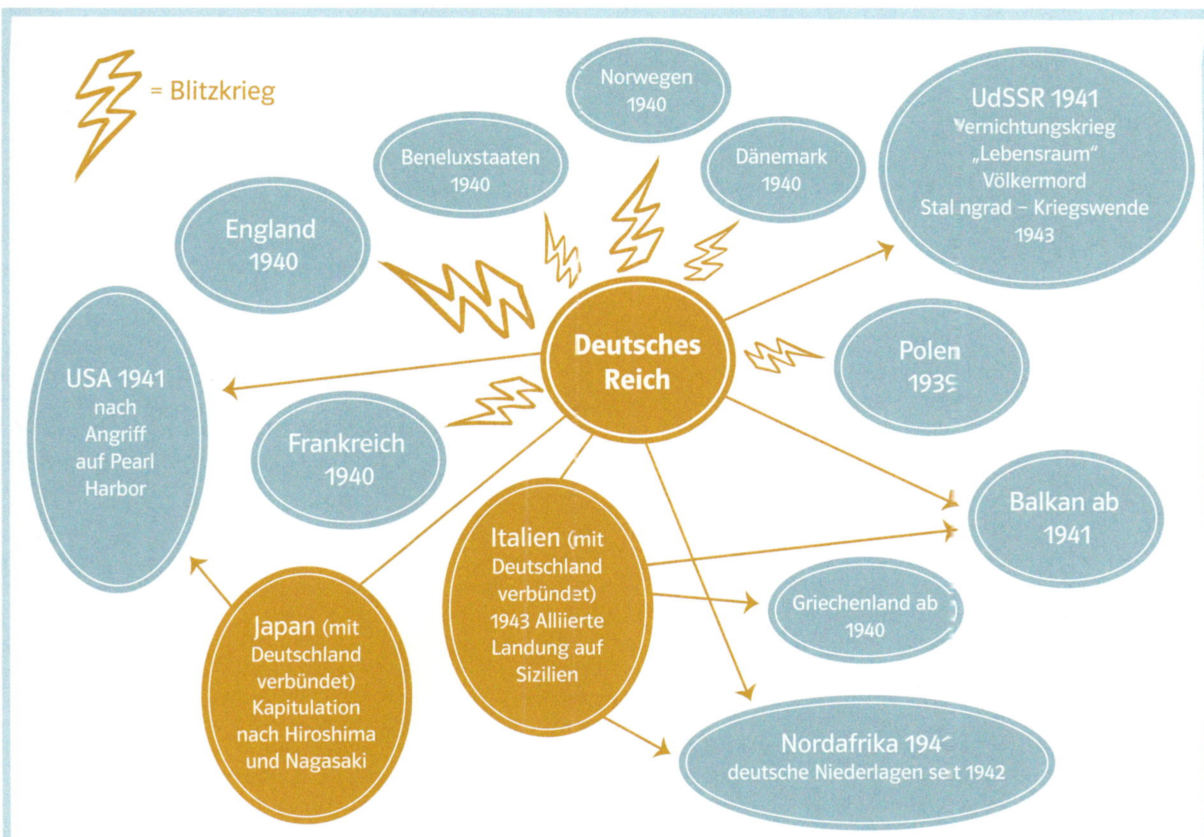

7.7 Diskriminierung, Ausgrenzung, Vernichtungspolitik

Der rassistisch begründete Antisemitismus bildete den Kern der nationalsozialistischen Ideologie. Der Antisemitismus selbst war in den Gesellschaften Europas weit verbreitet, insbesondere bei bürgerlichen Zwischenschichten. Mit dem Machtantritt der Nationalsozialisten gewann diese Haltung aber eine neue Qualität: Die antijüdischen Maßnahmen des NS-Regimes wurden nicht nur staatlich organisiert und legitimiert, sie nahmen auch seit 1933 kontinuierlich an Schärfe zu und erreichten letztlich mit dem Holocaust, dem Mord an über fünf Millionen europäischen Juden, ein Ausmaß, wie es in keinem anderen Land der Welt je existiert hatte.

Am 1. April 1933 wurde erstmalig zu einem Boykott jüdischer Geschäfte, Anwälte und Ärzte aufgerufen. In der Folgezeit wurden Juden aus dem kulturellen und wirtschaftlichen Leben ausgegrenzt, ihre Möglichkeiten zur Erwerbs- und Berufstätigkeit wurden stark eingeschränkt, wenn nicht sogar völlig verhindert. Die 1935 verabschiedeten Nürnberger Gesetze verboten Ehen und sexuelle Kontakte zwischen Juden und Nichtjuden. Am 9. November 1938 organisierte die SA, als Reaktion auf ein von einem deutschen Juden ausgeführtes Attentat, die Reichspogromnacht. Bei dieser wurden zahlreiche Synagogen zerstört, jüdische Geschäfte wurden geplündert und Juden misshandelt. 30 000 jüdische Deutsche wurden in KZs inhaftiert.

Mit dem Kriegsbeginn 1939 setzten auch die Überlegungen zur „Lösung der Judenfrage" ein, die sich zur „Endlösung der Judenfrage" (Wannsee-Konferenz 1942) ausweiten sollten. Die militärischen Niederlagen der deutschen Armeen nach den ersten Kriegsjahren forcierten diese Überlegungen aller Wahrscheinlichkeit nach. In Polen wurden systematisch Massenmorde an jüdischen Intellektuellen durchgeführt und Juden massenhaft deportiert. Während des Vernichtungskriegs gegen die UdSSR wurden Millionen von Juden erschossen, deportiert und in Vernichtungslagern fabrikmäßig getötet. Den „Höhepunkt" erreichten diese Maßnahmen mit den Planungen der Wannsee-Konferenz. Zahlreiche Behörden und Betriebe bis hin zur Reichsbahn waren an den Massenmorden beteiligt.

Von dieser Politik waren indes nicht nur Juden betroffen, sondern auch andere soziale und nationale Gruppen, die in der rassistischen Ideologie als „minderwertig" galten: Sinti und Roma, Angehörige von slawischen Völkern („Untermenschen"), Homosexuelle, „Bibelforscher" (Zeugen Jehovas) und andere. Um die Maßnahmen zu tarnen, wurden die Vernichtungslager vorwiegend im Osten (vor allem in Polen) eingerichtet. Dort mussten zahllose Deportierte, die nicht sofort „selektiert" wurden, in deutschen Betrieben Zwangsarbeit leisten. Die wenigsten überlebten.

Durch die schrittweise Ausdehnung der Exklusion von Juden aus dem sozialen, wirtschaftlichen und politischen Leben „gewöhnten" sich große Teile der deutschen Bevölkerung daran und nahmen dies eher gleichgültig hin. Auch deshalb, weil zahlreiche Bürger von den „Arisierungsmaßnahmen" wirtschaftlich profitierten.

Die nach 1945 von vielen Menschen aufgestellte Behauptung, man habe von dem millionenfachen Mord nichts gewusst, ist aus heutiger Sicht nur schwer vorstellbar. Das aus diversen Gründen: Viele Diskriminierungspraktiken fanden ganz öffentlich statt. Juden „verschwanden" aus der Nachbarschaft. Das System der Konzentrationslager und der zahlreichen Nebenlager umfasste trotz der Konzentration auf den Osten große Teile des Staatsgebiets des Deutschen Reichs. Organisatorisch waren einige Hunderttausend Menschen in die Tötungsmaschinerie eingebunden, darunter zahlreiche Wehrmachtsangehörige.

7.8 Opposition und Widerstand

Schon kurz nach Hitlers Ernennung zum Reichskanzler wanderten zahlreiche Künstler, Literaten und Politiker, die nun um ihr Leben fürchten mussten, aus ihrer deutschen Heimat aus. Sie setzten – sofern möglich – vom Ausland aus ihre Kritik an der nationalsozialistischen Diktatur fort, auch wenn sie nur einen begrenzten Einfluss auf die Geschehnisse im Deutschen Reich hatten.

Innerhalb Deutschlands leisteten den wohl massivsten Widerstand gegen die NS-Diktatur von Beginn an deutsche Kommunisten, obwohl oder gerade weil sie seit dem Reichstagsbrand als politische Feinde am vehementesten verfolgt wurden. Sie erbrachten dafür einen hohen Blutzoll. Die Sozialdemokratie suchte einen Weg zwischen Anpassung (um die Organisation zu retten) und Widerstand. Auch zahlreiche Sozialdemokraten bezahlten ihren Einsatz mit Folter und Tod.

Die Haltung der Kirchen war ambivalent. Ein Großteil der Pfarrer, Priester und Bischöfe arrangierte sich mit den neuen Verhältnissen. Das 1933 zwischen dem Deutschen Reich und dem Vatikan geschlossene Konkordat schwächte eine potenzielle Opposition ab. Weite Teile der evangelischen und auch der katholischen Kirche begrüßten den Wandel zu einem autoritären Staatsverständnis. Sie kritisierten zwar den Rassismus und die nationalsozialistische Uminterpretation der Bibel (wie es etwa die evangelische Bekennende Kirche tat), verstanden sich aber nicht als politische Widerstandsorganisation. Die Solidarität mit den bedrängten Juden beschränkte sich auf vereinzelte Aktionen; mit Sozialdemokraten oder Kommunisten wollte man ohnedies nichts zu tun haben. Dennoch prangerten vereinzelte Priester und Pfarrer das verbrecherische Regime an. Sie fanden wenig Rückendeckung durch ihre Kirche.

Engagiert traten einzelne Privatpersonen oder bürgerliche Gruppen wie etwa die Weiße Rose dem NS-Regime entgegen. Die meisten bezahlten ihren Einsatz mit dem Leben.

Unter den Militärs gab es erst seit 1938 hörbaren, wenn auch vereinzelten Einspruch gegen einen erneuten Krieg. Die Wortführer wurden von Hitler rasch kaltgestellt, das Gros der Soldaten und Offiziere war von den raschen Blitzkriegen 1939/40 fasziniert und Hitler daher treu ergeben. Vor allem die Gräueltaten von SS und Teilen der Wehrmacht beim Krieg im Osten lösten bei einzelnen Soldaten und Offizieren später vereinzelte Widerstandshandlungen aus, die schließlich in der Formierung eines militärischen Widerstands mündeten. Im Umkreis des Offiziers Graf Stauffenberg wurden Attentats- und Putschpläne ausgearbeitet. Doch am 20. Juli 1944 scheiterte ein Attentat auf Hitler. Hunderte von Verschwörern bezahlten den Attentatsversuch mit Folter und Tod.

Über die organisierten Gruppen hinaus gab es in Deutschland durchaus viele soziale Netzwerke, deren Angehörige nicht bereit waren, das nationalsozialistische Unrecht passiv hinzunehmen. Sie konnten aber in der Bevölkerung kaum mit Unterstützung und Sympathie rechnen, im Gegenteil: Viele Menschen, die Widerstand in unterschiedlichster Form leisteten, wurden Opfer diensteifriger Denunzianten innerhalb der deutschen Bevölkerung.

Das Ausmaß des verbrecherischen Geschehens ist grafisch kaum darstellbar. Historiker debattieren bis heute, ob das verbrecherische Geschehen erklärbar oder „historisch einmalig“ und damit unerklärbar bleiben muss.

- **1933: Boykott und Berufsverbote**
- **1935: Nürnberger Gesetze**
- **9. November 1938: Reichspogromnacht / Ausreiseverbote / „Arisierung“ des jüdischen Vermögens**
- **1941/42: „Endlösung der Judenfrage“ – systematische „fabrikmäßige“ Ermordung der Juden nach Wannsee-Konferenz**

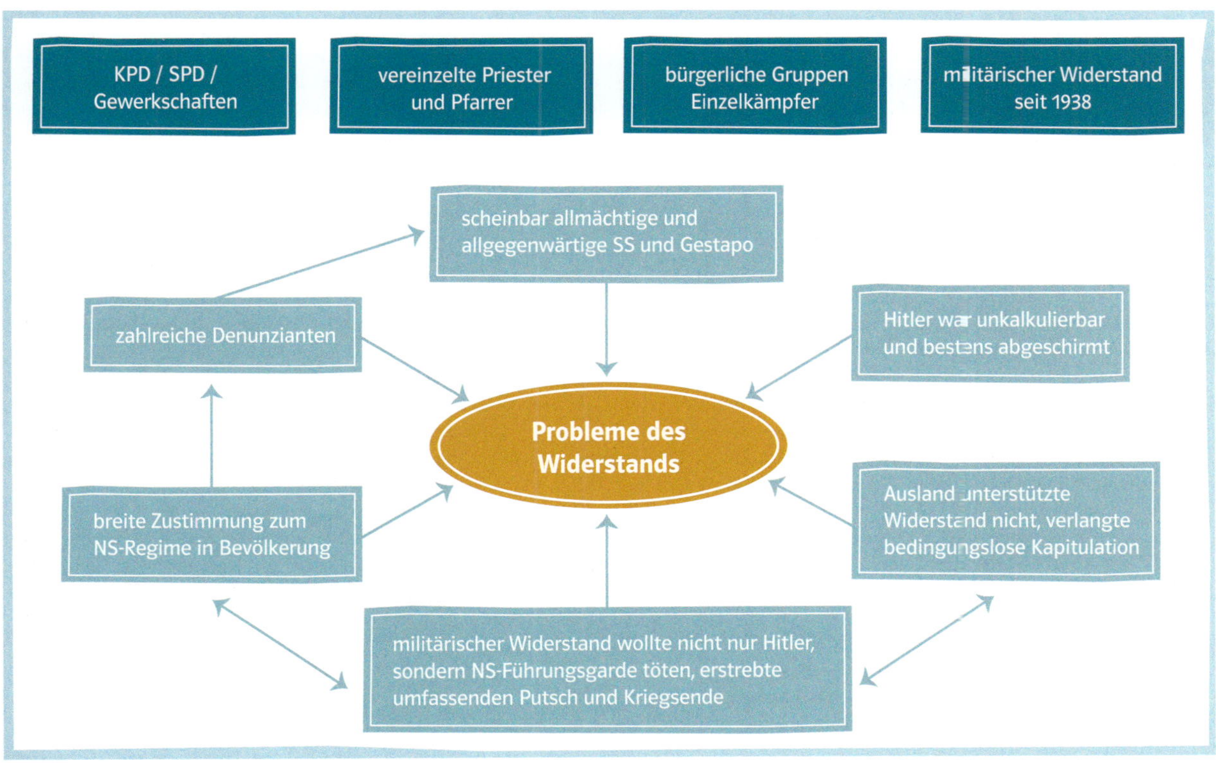

7.9. Der Nationalsozialismus – Vergangenheit, die nicht vergeht?

Der nationalsozialistische Zivilisationsbruch hatte nicht nur unbeschreibbares Elend und Unrecht in der Vergangenheit zur Folge, er prägt auch die gegenwärtigen politischen Verhältnisse noch immer zumindest untergründig. Auch die Spaltung der Welt in zwei rivalisierende Machtblöcke (Kalter Krieg) seit 1945, die seit 1991 allmählich überwunden werden konnte, kann als Folge des Zweiten Weltkriegs gedeutet werden. Die 1948 erfolgte Gründung des Staats Israels ist ebenfalls eng mit der Zeit des Nationalsozialismus verknüpft.

Manche beklagen heute eine „Übersättigung" mit NS-Themen in Schule und Medien, durch die öffentliche Erinnerungskultur und -politik. Was hat die nachwachsende Enkel-Generation der Täter und Opfer noch mit diesem Thema zu tun? Warum soll sie sich damit immer wieder auseinandersetzen?

Auf diese schwierige Frage kann man verschiedene Antworten versuchen:

- Obgleich über die Geschichte des Nationalsozialismus unüberschaubar viele Studien verfasst wurden, sind heute immer noch zahlreiche historische Fragen nicht überzeugend geklärt. Erst kürzlich haben mächtige Institutionen wie etwa das Bundeskriminalamt oder das Auswärtige Amt ihre eigene Rolle bzw. aktive Mitarbeit im NS-System aufgearbeitet.
- Die außenpolitischen Beziehungen zwischen der Bundesrepublik und Israel können ohne Kenntnisse um den Holocaust nicht angemessen reflektiert werden.
- Wir sind es den Kindern und Enkeln der verschiedenen Opfergruppen schuldig, dass wir uns darüber solide informieren, wie und warum unsere Vorfahren gehandelt haben.
- Es gibt in Europa und den USA nach wie vor Individuen und Gruppen, die sich zur nationalsozialistischen Ideologie bekennen. Deren (Schein-)Argumente zugunsten dieser Ideologie lassen sich am einfachsten mit fundierter Kenntnis um die Schrecken des nationalsozialistischen Terrors entkräften.
- Autoritäre Gesellschaften und Staaten (wie etwa China oder Russland) setzen sich nicht offen und kritisch mit ihrer eigenen Geschichte auseinander. Die politisch Mächtigen vermitteln ihrer Bevölkerung ein Geschichtsbild, das gegenwärtige ungerechte Verhältnisse rechtfertigt. In diesen Gesellschaften gibt es daher heute noch gravierende Menschenrechtsverletzungen. Wer also frühere Verbrechen beschweigt oder verdrängt, wird eher bereit sein, gegenwärtige Missstände hinzunehmen.
- Wer sich nicht erinnern will, steht in der Gefahr, (unbewusst) Früheres zu wiederholen. Eine bewusst reflektierte Geschichte immunisiert ein wenig davor, politische Strukturen und Denkmuster zu reproduzieren, die menschenverachtend waren und sind. Die Täter von damals waren „ganz normale" Menschen wie wir, deshalb gibt es derartige inhumane Strukturen und Denkmuster heute noch genauso wie vor 60 oder 80 Jahren.

8.1 Teilung Europas und Formierung der Blöcke

Bereits während des Zweiten Weltkriegs, als zwischen den USA, Großbritannien und der UdSSR Beratungen über die Weltordnung nach dem Sieg über das nationalsozialistische Deutschland stattfanden, zeichnete sich die Teilung der Welt in zwei Blöcke ab (Bipolarität). Nachdem Churchill und Roosevelt in der Atlantik-Charta (1941) und auf der Kriegskonferenz in Casablanca (1943) Grundsätze ihrer internationalen Politik formuliert hatten, folgten Konferenzen mit Stalin in Teheran (1943) und Jalta (1945). Auf diesen Treffen wurden die gemeinsamen Kriegsziele der „Großen Drei" festgelegt, unter anderem die bedingungslose Kapitulation Deutschlands. Daneben wurden auch die jeweiligen Einflusssphären – Asien und Osteuropa sollten sowjetisches Interessengebiet werden – abgesteckt.

Die militärisch und ökonomisch dominierenden USA waren an der Herstellung eines freien Weltmarkts interessiert sowie an der Durchsetzung eines globalen Friedens- und Sicherheitssystems. Die Sowjetunion war durch den Krieg ökonomisch stark geschwächt und teilweise zerstört worden. Sie wollte ihre Einflussgebiete durch von ihr dominierte Satellitenstaaten absichern und zugleich ihre ökonomischen Verluste durch Demontagen ausgleichen. Die USA und die Sowjetunion unterstellten sich gegenseitig aggressiv-expansionistische Absichten. Die Vorstellungen über eine demokratische Ordnung waren in Ost und West entgegengesetzt: Den östlichen „Volksdemokratien" und den westlichen parlamentarischen Demokratien lagen völlig verschiedene politische Ordnungsmodelle zugrunde.

Das gegenseitige Misstrauen verstärkte sich in den folgenden Jahren und mündete vereinzelt in offene Feindschaft. Die USA entwickelten eine Eindämmungspolitik (Containment), die ihren Ausdruck in der Truman-Doktrin (1947) fand. Diese bedeutete eine völlige Abkehr von der früheren amerikanischen Kooperationsbereitschaft mit der Sowjetunion und machte den Antikommunismus zur führenden Leitidee der Amerikaner. Jedes weitere sowjetische Vordringen sollte verhindert werden. Die Sowjets deuteten die amerikanische Politik als imperialistisch; sie ziele sogar auf die Vernichtung der Sowjetunion ab. Daher beschleunigte die UdSSR die „Sowjetisierung" Osteuropas. Entsprechend interpretierte sie den Marshallplan (1948) als Teil der imperialistischen US-Strategie und verbot den Ländern in ihrem Einflussbereich die Annahme von amerikanischen Hilfsmaßnahmen. Die Amerikaner wollten ihrerseits mit dem Hilfsprogramm eine Liberalisierung des Handels im Interesse des amerikanischen Kapitals erreichen; die Finanzspritzen für zerstörte westeuropäische Ökonomien sollten auch den amerikanischen Unternehmen nützen.

Die USA verfolgten immer konsequenter den Weg der Demonstration militärischer Stärke. Resultat dieser Politik war die Gründung der NATO, zu der sich zehn europäische Staaten mit den USA und Kanada zusammenschlossen (1949); im Kriegsfall sollten sich diese Staaten gegenseitig Beistand leisten. In der östlichen Welt wurde daraufhin als Gegenstück der Warschauer Pakt (1955) gegründet. Im Osten wie im Westen führte dies zu einer inneren Integration der Lager. Kritiker dieser Politik galten auf beiden Seiten oft als Verräter; ihnen wurde vorgeworfen, die Interessen der jeweiligen Gegenseite zu vertreten. Die fatale Lagermentalität führte in den folgenden Jahrzehnten zu einer ungeheuren militärischen Aufrüstung der beiden Blöcke und zu zahlreichen Stellvertreterkriegen, bei denen sich kleinere Staaten gegenseitig bekriegten, die jeweils vom Osten beziehungsweise vom Westen politisch und militärisch unterstützt wurden.

Warum Auseinandersetzung mit dem Nationalsozialismus?

- (reflektierte) Solidarität mit Israel, Existenzrecht des Staats
- gegenwärtige Situation in Europa und der Welt ist geprägt von NS- und Weltkriegsvergangenheit
- Kultur des Schweigens und Tabuisierung legitimiert auch gegenwärtiges Unrecht, hält autoritäre Denkmuster lebendig
- Verantwortung für Gegenwart und Zukunft und bewusste Wahrnehmung autoritärer und ungerechter Verhältnisse und Strukturen

Geschichte schärft politisches Bewusstsein: aus Geschichte können Kriterien zur Wahrnehmung und Beurteilung gegenwärtiger Verhältnisse und Strukturen abgeleitet werden

Anti-Hitler-Koalition zerbricht rasch nach Kriegsende

USA

- Politik der Westintegration der westl. Staaten
- Eindämmung/Containment
- Marshallplan/Open-Door-Politik
- Truman-Doktrin
- Aufrüstung und Gründung der NATO

UdSSR

- Interesse an Satellitenstaaten zur Sicherung des eigenen Territoriums
- Abgrenzung vom westlichen Demokratiemodell
- sowj. Führungsanspruch
- Ablehnung des Marshallplans
- Aufrüstung und Gründung des Warschauer Pakts

Viele „Stellvertreterkriege" nach dem Zweiten Weltkrieg

8.2 Krisen und Kriege im Kalten Krieg

Als „Kalter Krieg" wird der Systemkonflikt bezeichnet, der zwischen den USA und ihren Verbündeten (NATO) einerseits und der UdSSR und ihren Satellitenstaaten (Warschauer Pakt) andererseits zwischen 1945 bis 1989 bestand. Dieser Konflikt wurde mit allen verfügbaren politischen, ideologisch-propagandistischen und ökonomischen Mitteln, aber unterhalb der Schwelle eines direkten Kriegs ausgetragen. Von beiden Seiten wurden gewaltige Ressourcen für die militärische Rüstung mobilisiert. Kennzeichnend für den Kalten Krieg sind ferner die zahlreichen Stellvertreterkriege in Afrika, Asien und Lateinamerika, bei denen die beiden Militärblöcke in Krisengebieten ihnen ideologisch nahestehende Konfliktparteien unterstützten. Während der „Westen" Freiheit, Demokratie und freie Marktwirtschaft als Leitideen beschwor, betonte der „Osten" die Segnungen seiner Planwirtschaft und verurteilte die kapitalistische, imperialistische Ausbeutung, die vom westlichen Bündnissystem ausgehe.

Der Kalte Krieg setzte unmittelbar mit der deutschen Kapitulation 1945 ein. Auf der Potsdamer Konferenz kam es nicht zu tragfähigen Regelungen zwischen den USA und der Sowjetunion, wie das besiegte Deutschland gemeinsam verwaltet werden sollte. Außerdem bestand eine Machtrivalität im ostasiatisch-pazifischen Raum (u. a. Korea-Frage). Die UdSSR etablierte in ihrem Einflussbereich Satellitenstaaten, in denen sie ihr politisches und ökonomisches Modell durchsetzte. Angesichts des atomaren Wettrüstens beider Blöcke drohte ein „heißer" Krieg zu der Vernichtung beider Mächte zu führen. Die Aufrüstung von Atomraketen diente daher zunehmend der Abschreckung. Wichtige Stationen des Kalten Kriegs waren die Truman-Doktrin (1947), der Marshallplan (1948), die Berlinblockade (1948/49), die Gründung der Bundesrepublik und der DDR (1949), der Koreakrieg (1950–1953), die Kuba-Krise (1962), der Vietnamkrieg (1965–1972) und die Niederschlagung des „Prager Frühlings" (1968).

Nach einer kurzen Entspannung Mitte der 1970er-Jahre (Konferenz für Sicherheit und Zusammenarbeit in Europa 1975 und SALT-Abkommen), verschärfte sich der Kalte Krieg noch einmal in den 1980er-Jahren. Mit dem Zusammenbruch der Sowjetunion (1991) kam der Kalte Krieg an sein Ende. Die USA schienen als einzige globale Supermacht übrig zu bleiben, doch entwickelte sich bald, durch den Aufstieg neuer Mächte wie China oder Indien, eine zunehmend multipolare Welt.

8.3 Europäische Integration

Die Pariser Friedensordnung 1919 hat Europa keine Stabilität gebracht, sondern barg in sich den Keim künftiger Konflikte. Ausgehend von dieser Einsicht gewann nach 1945 die Idee, zukünftige Konflikte durch eine enge Verflechtung der wichtigsten nationalen (rüstungsrelevanten) Wirtschaftszweige zu vermeiden.

Durch die 1951 von der Bundesrepublik Deutschland, Italien, Frankreich und den drei Beneluxstaaten gegründete Europäische Gemeinschaft für Kohle und Stahl (EGKS) konnten die sechs Länder von einander wirtschaftlich nachhaltig profitieren. Deutschland wurde nun in ein westeuropäisches politisch-ökonomisches Netzwerk eingebunden, was zur außenpolitischen Beruhigung beitrug, war doch das Misstrauen gegenüber der deutschen Politik nach 1945 groß.

1957 wurde die Europäische Wirtschaftsgemeinschaft (EWG) gegründet, der nach und nach weitere europäische Staaten beitraten. Allmählich mutierte diese Wirtschaftsgemeinschaft auch zu einer politischen Gemeinschaft. 1979 wurde erstmalig ein Europäisches Parlament (allerdings mit sehr begrenzten Kompetenzen) gewählt. Durch den Vertrag von Maastricht 1992 wurde die Gemeinschaft in „Europäische Union" umbenannt und es kam in der Folgezeit zu einem einheitlichen europäischen Wirtschaftsraum mit einer gemeinsamen Währung. Hinzu kamen erste Ansätze einer europäischen Regierung und Legislative (Ministerrat und Europäische Kommission) mit weitreichenden Kompetenzen. Der Vertrag von Maastricht basierte auf vier festgeschriebenen Freiheiten: freier Personenverkehr, freier Dienstleistungsverkehr, freier Warenverkehr und freier Kapitalverkehr unter den EU-Staaten.

Im Zuge dieser Entwicklung wurde auch das notorische „Demokratiedefizit" des Europäischen Parlaments teilweise verringert, indem es allmählich weitere Kontrollrechte gegenüber den anderen EU-Institutionen übertragen bekam.

Dadurch entwickelt sich die Europäische Union seit Anfang des 21. Jahrhunderts immer mehr von einem losen Staatenbund zu einem Bundesstaat. Immer mehr Kompetenzen gehen auf europäische Institutionen über. Europäische „Richtlinien", also Gesetze, müssen jeweils in das entsprechende nationale Recht überführt werden. In vielen Bereichen haben die Mitgliedsstaaten der EU nationale Souveränitätsrechte an die EU abgetreten, die EU hat aber immer noch keine gemeinsame Außen- und Sicherheitspolitik entwickelt. Die Euro-Finanzkrise, unter anderem hervorgerufen durch die hohe Verschuldung vieler Mitgliedsstaaten, stellt eine schwere Belastungsprobe für die Union dar.

Nach deutscher Kapitulation zerbricht rasch die Kriegskoalition aus UdSSR und USA an unüberbrückbaren politisch-ideologischen Gegensätzen

- Westliches Verteidigungsbündnis NATO (1949)

- beide Blöcke sichern sich ihren Einflussbereich, bekämpfen Ausdehnungsversuche des verfeindeten Blocks, implementieren ihre polit.-ideolog. u. ökonom. Vorstellungen in ihren Einflussbereichen

- Östliches Verteidigungsbündnis Warschauer Pakt (1955–1991)

- Rüstungswettlauf verschlingt gigantische Beträge
- gegenseitige Feindbilder prägen auch das innenpolitische Klima der beteiligten Staaten
- Klima des gegenseitigen Misstrauens
- zahlreiche weltweite Stellvertreterkriege zwischen Ost und West
- Disziplinierung und Ausgrenzung von abweichenden politischen Strömungen im eigenen Lager, UdSSR interveniert u.a. in Ungarn, Tschechoslowakei und Polen
- Dritte Welt wird im Ost-West-Konflikt instrumentalisiert
- wichtige ökologische und soziale Probleme und Zukunftsaufgaben bleiben unbeachtet

Europäische Integration

Ziel: nach zwei verheerenden Weltkriegen Schaffung einer europäischen Friedensordnung

- antagonistische Interessen der westeuropäischen Staaten angesichts unterschiedlicher Ressourcen

- Interesse der USA am Wiedererstarken Westdeutschlands
- Deutschland als Bündnispartner im Kalten Krieg

- französisches Interesse an Schwächung Deutschlands

- Kompromiss: Schaffung der EGKS

- Ausweitung der EGKS zur EWG (1957) und EU (1993)
- EU versteht sich als politische Gemeinschaft mit weitreichenden legislativen und exekutiven Kompetenzen
- dabei aber: Nationalstaaten haben Einbußen bei nationaler Souveränität, Demokratiedefizit der europäischen Institutionen

8.4 Deutschland nach dem Krieg

Im Gegensatz zum Kriegsende 1918 besetzten die vier Siegermächte Deutschland 1945 vollständig. Ihre Militärgouverneure übernahmen die Regierungsgewalt. Die Potsdamer Konferenz (1945) proklamierte vier Leitprinzipien: Denazifizierung, Demilitarisierung, Dezentralisierung und Demokratisierung; geklärt wurden auch Grundfragen der Dekartellisierung und der Demontagen, die als Reparationen dienen sollten. Allerdings gab es zwischen den westlichen Besatzungsmächten und der Sowjetunion keinen Konsens über die inhaltliche Ausgestaltung dieser Grundprinzipien.

Im Nürnberger Kriegsverbrecherprozess wurden die Hauptkriegsverbrecher verurteilt; in Spruchkammerverfahren mussten Erwachsene Auskunft über ihre Haltung im „Dritten Reich" geben, allerdings galt diese Praxis als wenig effektiv und als ungerecht. Viele belastete Menschen konnten durch die Maschen schlüpfen. In der DDR wurden auch Angehörige früherer wirtschaftlicher und sozialer Eliten sowie politisch-ideologische Gegner der SED abgeurteilt.

Die Siegermächte mussten sich um die Repatriierung von Millionen Kriegsgefangenen, um das Schicksal von Millionen Zwangsarbeitern und sonstiger „Displaced Persons" und um die Unterbringung von Millionen Flüchtlingen und Vertriebenen bemühen. Angesichts der wenig intakten Infrastruktur und der beträchtlichen Zerstörung von Wohnraum durch die alliierten Bombenangriffe war dies ein gewaltiges Problem. Die Lebensverhältnisse waren außerordentlich bedrückend, nicht zuletzt aufgrund der extrem beengten Wohnverhältnisse und anhaltenden Versorgungsprobleme.

Die Reichsmark hatte infolge der nationalsozialistischen Inflationspolitik ihren Wert verloren. Die Menschen waren daher auf die primitive Tausch- und Naturalwirtschaft angewiesen. Der illegale Schwarzmarkt blühte. Eigentumsdelikte gehörten zum Alltag und waren überlebensnotwendig. Für ein geordnetes Wirtschaftsleben war eine neue Währung unabdingbar; ebenso für die Auszahlung der ökonomischen Hilfeleistungen, die der Marshallplan (1948) vorsah. Aus diesen Gründen führten die Amerikaner 1948 in den drei westlichen Zonen eine Währungsreform durch. Da das neue Geld auch in den Berliner Westsektoren gelten sollte, dies aber nicht mit der Sowjetunion abgesprochen worden war, verhängten die Sowjets eine Blockade über Berlin. Die Stadt wurde über eine Luftbrücke fast ein Jahr lang durch Flugzeuge („Rosinenbomber") versorgt. Diese humanitäre Aktion vertiefte die Spannungen zwischen Ost und West, förderte den Antikommunismus im Westen und begünstigte die Politik der Westintegration.

Vor allem für Flüchtlinge und Vertriebene, für ausgebombte Menschen, für überlebende KZ-Häftlinge und Zwangsarbeiter, die oft alles verloren hatten und ein völlig neues Leben beginnen mussten, war 1945 eine „Stunde null". Für viele Deutsche änderte sich zunächst nur wenig. Der Traum von der deutschen Weltmachtstellung war jedoch endgültig ausgeträumt, der Führer-Mythos erledigt und der Radikalnationalismus delegitimiert. Unter diesen Vorzeichen hatte eine künftige Demokratie in Deutschland bessere Ausgangsbedingungen als nach 1918.

8.5 Die Geschichte der Bundesrepublik 1949–1966

Die Ausgangsbedingungen für eine stabile demokratische Ordnung waren nach 1945 beziehungsweise 1949 erheblich günstiger als nach dem Ersten Weltkrieg. Im Parlamentarischen Rat, der im Jahr 1948 unter der Oberaufsicht der westlichen Militärgouverneure das Grundgesetz – die vorläufige Verfassung der Bundesrepublik – beriet, gab es trotz zahlreicher unterschiedlicher Interessen und Konzeptionen einen grundsätzlichen Konsens über die künftige rechtliche und politische Grundordnung.

Beträchtliche Differenzen zwischen der CDU und der SPD gab es hinsichtlich der Frage, ob man die Wiederherstellung der deutschen Einheit oder die Westintegration als wichtigstes politisches Ziel verfolgen sollte. Der erste Bundeskanzler der Bundesrepublik, Konrad Adenauer, beschwor zwar das Ziel der deutschen Einheit; tatsächlich verfolgte er aber primär das Ziel der Westintegration. Weitere Ziele der deutschen Außenpolitik waren die Gewinnung äußerer Sicherheit, die politische Gleichberechtigung sowie die Wiedererlangung einer völkerrechtlichen Souveränität. Erreicht werden sollten diese Ziele durch eine „Politik der Stärke" gegenüber der Sowjetunion, die nur durch die enge Anlehnung an die Politik der Westalliierten möglich schien. Damit wurde die Wiederherstellung der deutschen Einheit in die ferne Zukunft geschoben. Die Ablehnung der Stalin-Noten (1952), die unter bestimmten Bedingungen die deutsche Wiedervereinigung versprachen, sowie die strikte Politik der Nichtanerkennung der DDR und die Hallstein-Doktrin (1955) entsprachen dieser antikommunistischen Grundorientierung.

Auf der Linie der Westintegration lag der deutsche Beitritt zur Montanunion, der einen politischen und ökonomischen Interessenausgleich vor allem mit Frankreich ermöglichte. Auch der NATO-Beitritt und die umstrittene Wiederbewaffnung beziehungsweise Gründung der Bundeswehr (beides 1955) sowie die Schaffung der Europäischen Wirtschaftsgemeinschaft (1957) entsprachen dieser Politik.

Einen gewissen inneren Interessenausgleich ermöglichten die wirtschaftspolitischen Weichenstellungen unter der Kanzlerschaft Ludwig Erhards. Die soziale Marktwirtschaft verhieß einen Mittelweg zwischen ungezügeltem Kapitalismus und sozialistischer Planwirtschaft. Sozialstaatliche Leistungen sollten soziale Härten abmildern und dem inneren Frieden dienen. Erstaunlich gut – auch durch den Lastenausgleich – gelang die Integration von Millionen von Flüchtlingen und Vertriebenen. Dies war auch möglich durch das sogenannte „Wirtschaftswunder", also durch die rasche ökonomische Aufwärtsentwicklung, die nicht nur durch niedrige Löhne und Sozialleistungen möglich war, sondern auch durch den Koreakrieg und die Unterbewertung der D-Mark, die den deutschen Export begünstigte. In den 1950er-Jahren kurbelten verschiedene Konsumwellen auch die Binnennachfrage an, zunächst die „Fresswelle" (Nahrungsmittel), dann die „Konsumgüterwelle" (Bekleidung und Haushaltseinrichtungen), die Massenmotorisierung und die „Reisewelle" und schließlich der Traum vom „Häuschen im Grünen". Diese unpolitischen, ausschließlich am Konsum ausgerichteten Lebensstile gerieten allerdings in den späten 1960er-Jahren zunehmend in die Kritik, damit war auch eine politische Neuorientierung verbunden.

Probleme der Bevölkerung:

- Traumatisierungen
- Zerstörung von Wohnraum und Infrastruktur
- Integration der Flüchtlinge
- Hunger, geringe medizinische Versorgung
- Schwarzmarkt und Tauschwirtschaft
- allmähliche Rückkehr der Kriegsgefangenen
- Berlin-Blockade nach Währungsreform

tief greifender Mentalitätsbruch:

- Führer-Mythos beseitigt
- Weltmachttraum erledigt
- gute Bedingungen für Demokratisierung und Westintegration

Maßnahmen der Siegermächte:

Potsdamer Konferenz 1945:
- Denazifizierung (Nürnberger Prozess, Spruchkammern)
- Demilitarisierung
- Dezentralisierung
- Demokratisierung

politischer Neuanfang

„Stunde Null"?

- Übernahme der Regierungsgewalt in Deutschland durch die Alliierten
- erst allmählich Etablierung von Landesregierungen unter alliierter Kontrolle

keine „Stunde Null", da:

- weitgehend intakte Industrieanlagen
- viele Menschen behielten ihren Besitz, (kapitalistische) Eigentumsverhältnisse blieben im Westen erhalten
- Infrastruktur musste nicht neu geschaffen, sondern nur repariert werden
- Antikommunismus blieb im Westen wichtige Integrationsideologie

Westintegration – Verfestigung der dt. Teilung

Wirtschaftliche Hilfsmaßnahmen:

- Care-Pakete
- Marshallplan, ERP
- Währungsreform

Grundgesetz:

- breiter demokratischer Basiskonsens vorhanden

- Flüchtlingsintegration
- Lastenausgleich

Ökonomie

- Rückgang der Arbeitslosigkeit
- soziale Marktwirtschaft
- gute Exportchancen
- erhöhte Konsumchancen (trotz größer werdender Vermögensunterschiede)

Gründe für innere soziale Integration und Stabilität der westdeutschen Demokratie nach 1949

- Antikommunismus bleibt Integrationsideologie
- Nichtaufarbeitung der NS-Vergangenheit

- Westintegration
- Ablehnung der Stalin-Noten
- Hallstein-Doktrin
- Montanunion (EGKS)
- Wiederaufrüstung und NATO-Beitritt
- EWG-Gründung

↔ = bedingen und verstärken sich gegenseitig

8.6 Die Geschichte der DDR 1949 – 1961

Die Startbedingungen der DDR waren ungleich schwieriger als die der Bundesrepublik. Die Ostzone musste ebenfalls Millionen von Flüchtlingen und Vertriebenen aufnehmen, die aber bisweilen in den Westen weiterwanderten. Die materiellen Voraussetzungen waren deutlich schlechter, da die Ostzone über weniger Bodenschätze verfügte als die Westzonen. Die Enteignung des Großgrundbesitzes („Junkerland in Bauernhand") hatte zunächst fatale Folgen, da die neuen „Bauern" nicht über die nötigen Kenntnisse und Qualifikationen verfügten. Außerdem war die Ostzone beziehungsweise die DDR stärker als der Westen Deutschlands mit Reparationsforderungen der Sowjetunion und Demontagen belastet, und es gab nicht die humanitären und finanziellen Hilfsmaßnahmen, die im Westen die schlimmste Not linderten.

Die politischen Partizipationschancen waren angesichts der Zwangsvereinigung von SPD und KPD zur SED und der Statistenrolle, zu der die „bürgerlichen" Parteien verurteilt waren, gering. Es gab keine unabhängigen Arbeiterorganisationen, mit denen die Erwerbstätigen ihre Interessen verfechten konnten.

Trotz aller Mängel und Reibungsverluste, die mit der Umstellung auf die staatliche Planwirtschaft verbunden waren, erzielte die DDR durchaus ein kleines Wirtschaftswunder. Ein politisches „Tauwetter", das sich viele Menschen beim Tod des sowjetischen Diktators Stalin (5. März 1953) erhofft hatten, trat nicht ein. Staatliche Forderungen zum Konsumverzicht (geringere Löhne) bei einer gleichzeitigen Erhöhung der Arbeitsnormen führten zu einem spontanen Arbeiteraufstand am 17. Juni 1953, der sich auf die gesamte DDR ausweitete. Die SED-Führung war zunächst wie gelähmt, aber sowjetische Panzer schlugen den Aufstand rasch nieder. Die „Rädelsführer" wurden verhaftet und in drakonischer Weise verurteilt. Das Spitzelwesen (Stasi) wurde nun systematisch ausgebaut; dementsprechend fand die Staatsführung noch weniger Zustimmung in der Bevölkerung.

In den Folgejahren flohen immer mehr Menschen aus der DDR in den Westen. Vor allem junge und gut qualifizierte Arbeitskräfte kehrten der DDR den Rücken. Für die DDR-Ökonomie war das außerordentlich fatal. Die Warschauer-Pakt-Staaten ermöglichten der SED-Führung 1961 den Bau der Mauer, um den Flüchtlingsstrom nach Westen zu beenden. Die Westalliierten begrenzten ihre Reaktion – ähnlich wie beim Volksaufstand vom 17. Juni 1953 – auf rhetorische Drohgebärden. Die Garantie des Viermächtestatus für ganz Berlin verwandelte sich unter der Hand in eine Garantie für Westberlin. Offenbar waren die Westalliierten nur wenig an der deutschen Einheit interessiert, da sie einem ökonomisch starken, wiedervereinigten Deutschland argwöhnisch gegenüberstanden. In der DDR resignierte ein großer Teil der Bevölkerung und zog sich gleichsam in die innere Emigration zurück. Die Legitimationsprobleme des SED-Staats konnten auch in den folgenden Jahrzehnten nicht behoben werden.

8.7 Neue Ostpolitik im Rahmen der internationalen Entspannungspolitik

Durch den Arbeiteraufstand vom 17. Juni 1953 und durch den Mauerbau 1961 wurde deutlich, dass der Westen weder willens noch in der Lage war, konkrete Schritte zu einer Wiedervereinigung Deutschlands zu unternehmen. Im Gegenteil, die internationalen Spannungen nahmen beständig zu und erreichten in der Kuba-Krise 1962 ihren vorläufigen Höhepunkt. Die Hallstein-Doktrin (der Alleinvertretungsanspruch der Bundesrepublik) verhinderte eine flexible deutsche Außenpolitik.

Vor diesem Hintergrund wurde in der sozialliberalen Koalition nach 1969 eine neue Ostpolitik entwickelt, die international durch die Entspannungspolitik der USA und der Sowjetunion flankiert war. Willy Brandt und Egon Bahr suchten einen „Wandel durch Annäherung" durch offizielle Kontakte und Gespräche. Damit wurde die DDR zwar nicht völkerrechtlich, aber de facto anerkannt. Das schloss auch die indirekte Anerkennung der polnischen Westgrenze ein. Ergänzt wurde die Entspannungspolitik durch Gewaltverzichtserklärungen mit der DDR, Polen, der UdSSR und der ČSSR. Gegen diese Politik opponierten insbesondere die Vertriebenenverbände und die CDU/CSU, die einen „Verrat" an deutschen Interessen beklagten.

Auf internationaler Ebene gab es Bestrebungen, den atomaren Rüstungswettlauf zu begrenzen, der insbesondere die Sowjetunion massiv belastete. Die SALT-Abkommen (1972, 1979) legten Obergrenzen für Raketensysteme fest. Allerdings tasteten sie die bisherigen Vernichtungspotenziale nicht an. Von großer Bedeutung war die Konferenz für Sicherheit und Zusammenarbeit in Europa (KSZE) in Helsinki (1975), an der auch die USA und Kanada teilnahmen. Die Schlussdokumente verpflichteten alle Unterzeichner, die europäischen Grenzen durchlässiger zu machen und die Menschenrechte zu respektieren. Der KSZE-Prozess führte so mancherlei menschliche Erleichterungen in den verkrusteten Ost-West-Beziehungen herbei. Viele Oppositionelle und Dissidenten – etwa in der DDR – konnten sich in den Folgejahren auf die Helsinki-Dokumente beziehen.

Auf die Stationierung neuer sowjetischer Mittelstreckenraketen reagierte die Bundesregierung mit dem NATO-Doppelbeschluss (1979): Sollte die Sowjetunion nicht ihre neuen Raketenbasen abbauen, würde der Westen seine Rüstungsbestände entsprechend aufstocken. Als die UdSSR nicht einlenkte, kam die Entspannungspolitik – und mit ihr auch die sozialliberale Politik unter dem Brandt-Nachfolger Helmut Schmidt – an ihr vorläufiges Ende. 1983 setzte die neue Regierung unter Helmut Kohl (CDU) die sozialliberale Außen- und Deutschlandpolitik fort. Auf westdeutsche Wirtschaftshilfen reagierte die DDR mit weiteren menschlichen Erleichterungen und erweiterten Ausreisemöglichkeiten. Der Reise- und Warenverkehr zwischen Ost und West wurde intensiviert, und es kam zu vereinzelten kulturellen Kontakten. Die Stabilität des DDR-Regimes erhöhte sich dadurch nicht.

DDR: schwierige Startbedingungen und Krisenphänomene

- kaum Rohstoffe
- Demontagen und Reparationen
- keine Teilnahme am Marshallplan
- Wegfall der Handelsbeziehungen mit dem Westen

- Verstaatlichung und wenig effektive Planwirtschaft
- Monopolisierung der Staatsgewalt durch SED
- geringe landwirtschaftliche Produktivität durch Bodenreform

17. Juni 1953:

- geringe politische Partizipationschancen
- geringe Löhne und Konsumchancen
- Normerhöhungen durch SED
- kein Streikrecht
- Arbeiteraufstand

- Massenverhaftungen
- Repression durch Stasi
- Resignation und innere Emigration
- Auswanderung oder Flucht
- keine innere Stabilisierung

Mauerbau 1961:

- keine nennenswerte Reaktion der Westalliierten

Ausgangslage:

- Wiedervereinigungshoffnungen haben sich nicht erfüllt, bisherige Politik ist gescheitert
- SED-Herrschaft lässt sich nicht von außen beseitigen
- Mauer ist traurige Realität
- nach Kuba-Krise Annäherungen zwischen West und Ost
- Aufrüstung löst keine Probleme und Konflikte
- unterschiedliche Lebensstandards in Ost und West

bisherige Deutschlandpolitik ist gescheitert

neue Ausrichtung der Deutschland- und Entspannungspolitik:

- Politik ohne Illusionen
- Politik der „kleinen Schritte“

praktische Schritte:

- Gesprächskontakte intensivieren
- Polenbesuch Willy Brandts
- Gewaltverzichtserklärungen
- Anerkennung der Westgrenze Polens

konkrete Folgen dieser deutschen Politik:

- **mehr menschliche Kontakte und Reiseverkehr**
- **ökonomische Zusammenarbeit**
- **gegenseitige Besuche auf Regierungsebene**
- **aber: keine völkerrechtliche Anerkennung der DDR**

internationale Ebene:

- **Rüstungskontrollverhandlungen zwischen USA und UdSSR**
- **Konferenz für Sicherheit und Zusammenarbeit in Europa (Helsinki-Prozess 1975), Betonung der Menschenrechte**
- **aber: neuer Rüstungswettlauf seit den 1980er-Jahren, NATO-Doppelbeschluss**

8.8 Revolutionen in Osteuropa

Als der österreichische und der ungarische Außenminister im August 1989 die Grenze zwischen ihren Ländern öffneten und damit DDR-Flüchtlingen den Weg in den Westen ermöglichten, war dies das Ende der langen wie beklemmenden Ära des Kalten Kriegs. Seit den 1950er-Jahren waren Aufstände gegen die sowjetische Vorherrschaft regelmäßig an den Militärinterventionen der UdSSR gescheitert – unter anderem in der DDR (1953), in Polen und Ungarn (1956) sowie in der Tschechoslowakei (1968). Alle weiteren demokratischen Reformbestrebungen wurden in den Ländern des Ostblocks massiv unterdrückt.

Mit den dramatischen Ereignissen des Jahres 1989 änderte sich dies schlagartig: Durch die Reformpolitik Gorbatschows, der die UdSSR durch die Politik der Perestroika und Glasnost zu reformieren suchte (vgl. Kap. 8.2), bekamen Dissidentengruppen in den sowjetischen Satellitenstaaten massiv Rückendeckung und einen Auftrieb, der schließlich zum Zusammenbruch des Ostblocks und der Sowjetunion beitrug. Die Oppositionsbewegungen knüpften einerseits an den früheren gescheiterten Aufständen gegen die (indirekte) sowjetische Herrschaft an, andererseits fanden sie einen gewissen Rückhalt im Westen – auch durch den KSZE-Prozess. Zudem waren die Regime in den Ostblockstaaten durch ihre eigene Politik hinreichend delegitimiert.

Breite Oppositionsgruppen hatten sich bereits lange vor 1989 in allen sowjetischen Satellitenstaaten formiert – etwa die Charta 77 in der Tschechoslowakei. Sie wurden durch die politische Repression eher gefestigt. Die Oppositionsbewegung in Polen blickte bereits auf mehrere gescheiterte Arbeiteraufstände zurück, als sie 1980 die illegale Gewerkschaft Solidarność errichtete. Für sie war es ein Glücksfall, dass 1978 ein Pole Papst wurde (Johannes Paul II.), der der Arbeiter-Opposition offen Rückhalt verlieh. Versorgungskrisen verschärften in Polen zusätzlich die Legitimationsdefizite des sozialistischen Regimes.

Die barbarische Niederschlagung der Demonstrationen von chinesischen Dissidenten im Juni 1989 durch die Pekinger Führung schadete dem gesamten sozialistischen Lager. Sie delegitimierte erneut die autoritären wie reformunwilligen Systeme des Ostblocks. Repressive Maßnahmen gegen Dissidenten stärkten somit nicht die autoritären Regime, sondern begünstigten ungewollt den offenen wie untergründigen Widerstand.

Erstaunlich war, dass die Revolutionen in Polen, der DDR, der Tschechoslowakei und in Ungarn fast völlig unblutig verliefen. Lediglich in Rumänien kam es zu Straßenschlachten mit zahlreichen Toten. Die anderen Ostblockregime resignierten oder dankten angesichts des massenhaft öffentlich artikulierten Unmuts mehr oder minder freiwillig ab. Sie hatten keine überzeugenden Konzepte mehr anzubieten, um die vielfältigen sozialen und wirtschaftlichen Probleme ihrer Länder zu bewältigen.

Diese Prozesse in den sowjetischen Satellitenstaaten wirkten auf die Sowjetunion zurück und beschleunigten seit 1989 deren innere Erosion. Das Jahr 1989 gilt daher in manchen historischen Darstellungen als das Ende des „kurzen 20. Jahrhunderts" (1914/18–1989).

8.9 Der Zusammenbruch der Sowjetunion

Als Michail Gorbatschow 1985 Generalsekretär der KPdSU wurde, setzte nicht nur eine neue Ära in der Geschichte des Ostblocks ein, auch die Epoche des Kalten Kriegs kam an ihr Ende. Die Sowjetunion war durch den weltweiten Rüstungswettlauf in eine tiefe ökonomische Krise geraten. Zugleich war sie in den Afghanistankrieg verstrickt (seit 1979) und stagnierte in ihrer wirtschaftlichen Entwicklung. Die inneren Verhältnisse waren durch die vorangegangenen autoritären Regierungen in eine lähmende Stagnation, ja Lethargie verfallen.

Gorbatschows Politik zielte auf eine fundamentale Umgestaltung der Sowjetunion; Kernpunkte waren die Einleitung eines Demokratisierungsprozesses und der Umbau der Wirtschaftsordnung hin zu mehr Eigeninitiative und Eigenverantwortung. Das schloss auch die Reprivatisierung sozialisierter Betriebe ein. Seine zentralen Leitgedanken waren Perestroika (Umbau, Umgestaltung) und Glasnost (Offenheit, Transparenz). Auch forderte Gorbatschow eine kritische Aufarbeitung der sowjetischen Geschichte. Die staatliche Kontrolle über die Medien sollte gelockert werden, eine öffentliche Diskussion auch von Tabuthemen sollte möglich sein.

Allerdings ließen sich die verkrusteten sowjetischen Strukturen nicht so rasch aufbrechen wie erhofft. Die Wirtschaftskrise nahm in den Folgejahren noch dramatischere Ausmaße an. Die Reaktorkatastrophe in Tschernobyl (1986) versuchten die sowjetischen Behörden – wie andere Katastrophen zuvor – zu verschleiern und zu bagatellisieren. Gorbatschows innenpolitische Bilanz war dementsprechend ernüchternd, nicht jedoch seine Außenpolitik. Erfolgreich trieb er die Abrüstung und die weltweite Entspannungspolitik voran. Die sowjetische Intervention in Afghanistan wurde abgebrochen. Gorbatschow öffnete damit (indirekt) den Weg zu den dramatischen politischen und vor allem unblutigen Umwälzungen in den sowjetischen Satellitenstaaten (u. a. in Polen, Ungarn, der Tschechoslowakei und in der DDR) im Jahr 1989.

In der Sowjetunion selbst nahmen die sozialen Spannungen angesichts der miserablen materiellen Verhältnisse zu. Zugleich wurden die jahrzehntelang unterdrückten nationalen Spannungen in dem Vielvölkerreich (vor allem in den drei baltischen Staaten wie auf dem Kaukasus) wieder lebendig. Estland, Lettland und Litauen erklärten nach gewaltigen Demonstrationen 1990 ihre Unabhängigkeit von der Sowjetunion; weitere Sowjetrepubliken trennten sich in der Folgezeit ebenfalls von der UdSSR. In dieser Situation der inneren Erosion der Sowjetunion putschten im August 1991 Repräsentanten der alten Ordnung gegen Gorbatschow, allerdings in ziemlich dilettantischer Weise. Der Putsch scheiterte rasch am Widerstand der Bevölkerung. Die führende Figur dieses Widerstands, Boris Jelzin, löste als demokratisch gewähltes Staatsoberhaupt Gorbatschow ab und ließ die KPdSU verbieten. Mehrere Republiken, die sich von der UdSSR abgespalten hatten, gründeten 1991 mit Russland die Gemeinschaft Unabhängiger Staaten (GUS). Man vereinbarte eine ökonomische und politische Kooperation. Zu einer vollständigen Demokratisierung wie in den baltischen oder den meisten westlichen Staaten des ehemaligen Ostblocks, die in den Folgejahren den Anschluss an die EU und an die NATO vollzogen, kam es in den GUS-Staaten jedoch nicht.

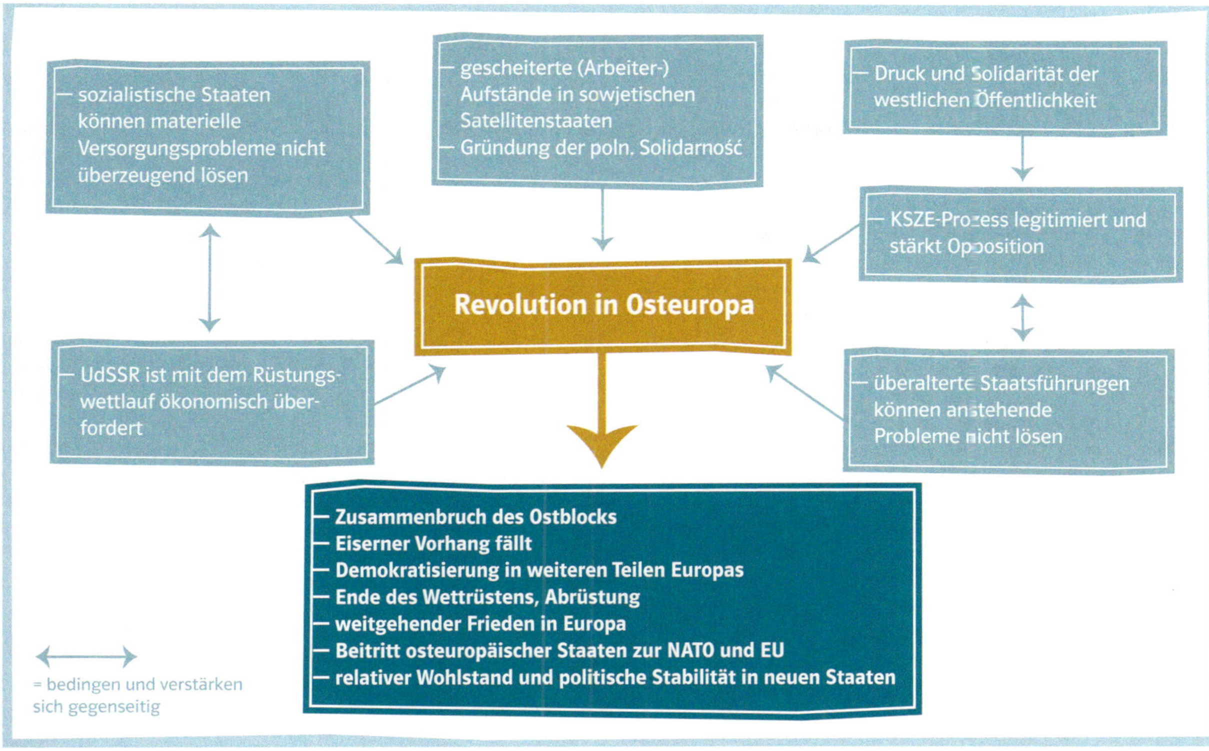
– sozialistische Staaten können materielle Versorgungsprobleme nicht überzeugend lösen
– gescheiterte (Arbeiter-) Aufstände in sowjetischen Satellitenstaaten
– Gründung der poln. Solidarność
– Druck und Solidarität der westlichen Öffentlichkeit
– KSZE-Prozess legitimiert und stärkt Opposition
Revolution in Osteuropa
– UdSSR ist mit dem Rüstungswettlauf ökonomisch überfordert
– überalterte Staatsführungen können anstehende Probleme nicht lösen
– Zusammenbruch des Ostblocks
– Eiserner Vorhang fällt
– Demokratisierung in weiteren Teilen Europas
– Ende des Wettrüstens, Abrüstung
– weitgehender Frieden in Europa
– Beitritt osteuropäischer Staaten zur NATO und EU
– relativer Wohlstand und politische Stabilität in neuen Staaten
= bedingen und verstärken sich gegenseitig

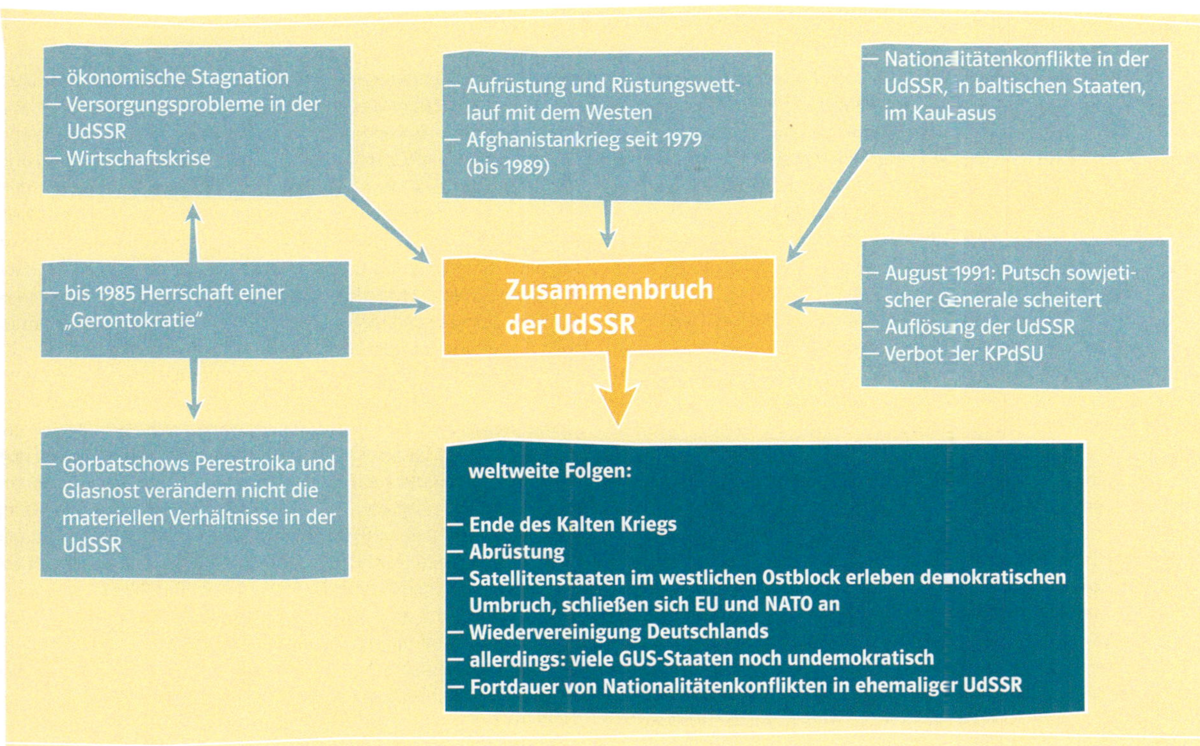
– ökonomische Stagnation
– Versorgungsprobleme in der UdSSR
– Wirtschaftskrise
– Aufrüstung und Rüstungswettlauf mit dem Westen
– Afghanistankrieg seit 1979 (bis 1989)
– Nationalitätenkonflikte in der UdSSR, in baltischen Staaten, im Kaukasus
– bis 1985 Herrschaft einer „Gerontokratie“
Zusammenbruch der UdSSR
– August 1991: Putsch sowjetischer Generale scheitert
– Auflösung der UdSSR
– Verbot der KPdSU
– Gorbatschows Perestroika und Glasnost verändern nicht die materiellen Verhältnisse in der UdSSR
weltweite Folgen:
– Ende des Kalten Kriegs
– Abrüstung
– Satellitenstaaten im westlichen Ostblock erleben demokratischen Umbruch, schließen sich EU und NATO an
– Wiedervereinigung Deutschlands
– allerdings: viele GUS-Staaten noch undemokratisch
– Fortdauer von Nationalitätenkonflikten in ehemaliger UdSSR

8.10 Die Vereinigung der beiden deutschen Staaten 1989/90

Während die Teilung der beiden deutschen Staaten von immer mehr Menschen als Normalität wahrgenommen wurde, verschärfte sich in der DDR die Legitimationskrise der SED-Herrschaft. Durch Gorbatschows Reformpolitik wurden einerseits Oppositionelle in der DDR ermuntert, andererseits verschärfte sich die Legitimationskrise der DDR – die Isolierung gegenüber dem Westen wie gegenüber ihren sozialistischen Bruderstaaten.

Als im August 1989 zeitweise die Grenze zwischen Österreich und Ungarn geöffnet wurde, flüchteten Tausende DDR-Bürger in den Westen. Großen Unmut und Protest hatten bereits die offenkundige Fälschung von Wahlergebnissen und die Solidaritätsbekundung der DDR-Führung für die chinesischen Machthaber ausgelöst, nachdem diese Studentendemonstrationen in Peking gewaltsam hatten niederschlagen lassen. Die Zahl der Ausreiseanträge in der DDR stieg daraufhin rapide an. Viele DDR-Bürger suchten Zuflucht in den westdeutschen Botschaften in Prag und Warschau. Parallel beteiligten sich immer mehr Menschen an den Montagsdemonstrationen in verschiedenen Städten der DDR, und es bildeten sich oppositionelle Vereinigungen – besonders im Umkreis der evangelischen Kirche. Weder die Ablösung Erich Honeckers durch Egon Krenz noch der Rücktritt des Ministerrats der DDR brachten die Massenproteste zum Erliegen. Die DDR-Führung kapitulierte schließlich und verkündete am 9. November 1989 die Öffnung der Berliner Mauer.

Für die Sowjetunion wie für den Westen kam der Zusammenbruch des SED-Regimes völlig überraschend; politische Konzepte für diese Situation waren nicht entwickelt worden. Frankreich und England standen einer deutsch-deutschen Einigung eher reserviert gegenüber. Anders als die USA fürchtete man ein erstarkendes Deutschland.

Die neue DDR-Regierung unter dem Reformkommunisten Hans Modrow schuf einen „Runden Tisch" mit den Oppositionsgruppen, um über die weitere Entwicklung zu beraten. Die Ausreisewelle war nach der Maueröffnung deutlich angeschwollen und die DDR drohte „auszubluten". In der DDR wurden die Stimmen, die für eine Wiedervereinigung plädierten, immer zahlreicher. In den sogenannten Zwei-plus-vier-Gesprächen (zwei deutsche Staaten, vier Siegermächte) wurden daraufhin rasch die Voraussetzungen für eine Vereinigung geklärt. Die Bundesrepublik sollte mit 20 Milliarden DM die Rückkehr der sowjetischen Soldaten finanzieren und die Bundeswehr deutlich abrüsten, im Gegenzug sollte das vereinte Deutschland die volle Souveränität erlangen. Mit der DDR-Regierung unter Lothar de Maizière wurde zunächst eine Wirtschafts-, Währungs- und Sozialunion vereinbart und ein Einigungsvertrag ausgehandelt. Die staatliche Einigung trat dann am 3. Oktober 1990 in Kraft.

Der neue deutsche Nationalstaat entstand nicht wie im 19. Jahrhundert als Folge von Einigungskriegen, sondern aus der „Kraft der Selbstbefreiung". In den neuen Bundesländern wurden die alten föderalen Strukturen (die Länder) wieder etabliert, die nun auch in die supranationalen Zusammenschlüsse wie die NATO und die EU integriert wurden. Gewaltige Transferzahlungen in die neuen Bundesländer trugen zu einer raschen Modernisierung der maroden Infrastruktur bei. Allerdings trauern einige Modernisierungsverlierer in den neuen Bundesländern noch den alten Verhältnissen nach.

8.11 1990/2010: 20 Jahre deutsche Wiedervereinigung

Die Bilanz der deutschen Einheit wird immer wieder kontrovers debattiert – zuletzt anlässlich des 20. Jubiläums der Wiedervereinigung. Auf der einen Seite beklagen die Kritiker des Vereinigungsprozesses das Ausbleiben rascher sozialer und materieller Veränderungen („blühende Landschaften"), auf der anderen Seite verweisen die Befürworter auf die Beseitigung der autoritären, undemokratischen politischen Strukturen der DDR und die beachtliche materielle und infrastrukturelle Umkrempelung der Verhältnisse in den fünf neuen Bundesländern.

Wie jeder Modernisierungsprozess hat auch die deutsche Einheit „Verlierer" und „Gewinner" hervorgebracht. Die Wiedervereinigung wird heute von den politischen Akteuren, ökonomischen Nutznießern und Modernisierungsopfern entsprechend unterschiedlich gedeutet: So geht es auch den sogenannten „Wendeverlierern" heute materiell zwar meist deutlich besser als zu DDR-Zeiten – ihr messbarer Lebensstandard stimmt in etwa mit dem der alten Länder überein und sie profitieren von sozialstaatlichen Leistungen –, allerdings prangern sie grundsätzliche strukturelle Probleme der marktwirtschaftlich organisierten Gesellschaft an, etwa das Defizit an sozialer Gerechtigkeit.

Viele Ostdeutsche haben trotz ihrer Qualifikationen und Lebensleistungen im Zuge der staatlich-politischen Eingliederung der DDR in die Bundesrepublik ihre Arbeit verloren und sind seither auf staatliche Transferzahlungen angewiesen. Ihre ökonomischen und sozialen Probleme äußern sich in den vergangenen Jahren verstärkt in einer Skepsis gegenüber der parlamentarischen Demokratie und in nostalgischen Sichtweisen auf die DDR. Ausdruck dessen war unter anderem die Ostalgie-Welle, die vor allem Anfang der 2000er-Jahre die früheren Verhältnisse verklärte und den autoritären Charakter des SED-Staats in den Hintergrund treten ließ. Auch Rechtsextremismus und Ausländerfeindlichkeit sind in Ostdeutschland überdurchschnittlich verbreitet und nicht selten auf diese ökonomischen und sozialen Problemlagen zurückzuführen. Offenkundig werden die Probleme vor allem an zahlreichen früheren Industriestandorten, deren Bewohner im Zuge des Deindustrialisierungsprozesses mehr und mehr abgewandert sind („sterbende Städte"), sowie in den ländlichen, wirtschaftlich noch immer unterentwickelten Regionen Ostdeutschlands.

Auf der anderen Seite besitzen Mecklenburg-Vorpommern, Brandenburg, Sachsen-Anhalt, Thüringen und Sachsen heute demokratische Verfassungen. Ihre Institutionen werden von den Normen und Werten des Grundgesetzes geprägt. Schon kurz nach der Wiedervereinigung wurden die völlig maroden ostdeutschen Städte und Verkehrswege mittels großer Transferleistungen umfassend modernisiert, Umweltschäden nachhaltig beseitigt. Ostdeutsche Städte und Dörfer unterscheiden sich in ihrem Erscheinungsbild kaum noch von ihren westdeutschen Pendants. Obwohl viele Betriebe in den neuen Bundesländern nur als „verlängerte Werkbänke" westdeutscher oder internationaler Unternehmen produzieren und zahlreiche frühere Industriestandorte im Osten Deutschlands schrumpfen, gleichen sich Ost und West auch wirtschaftlich stetig an.

Eskalation eines Konflikts

↓

doppelte Legitimationskrise der DDR – gegenüber der eigenen Bevölkerung und gegenüber dem Ostblock

↓

Grenzöffnung zwischen Österreich und Ungarn – Ausreisedruck nimmt noch stärker zu

↓

ständig wachsende Massendemonstrationen – Rücktritt von Regierungschef und Ministerrat – Kapitulation des SED-Regimes und Maueröffnung

↓

Zwischenlösungen (Wirtschafts- und Währungsunion) mindern Problemdruck nicht

↓

2+4-Verhandlungen:

- **Abrüstung der Bundesrepublik**
- **volle Souveränität**
- **staatliche Einigung am 3. Oktober 1990**
- **aber: Ressentiments gegen dt. Einigung bleiben lebendig**

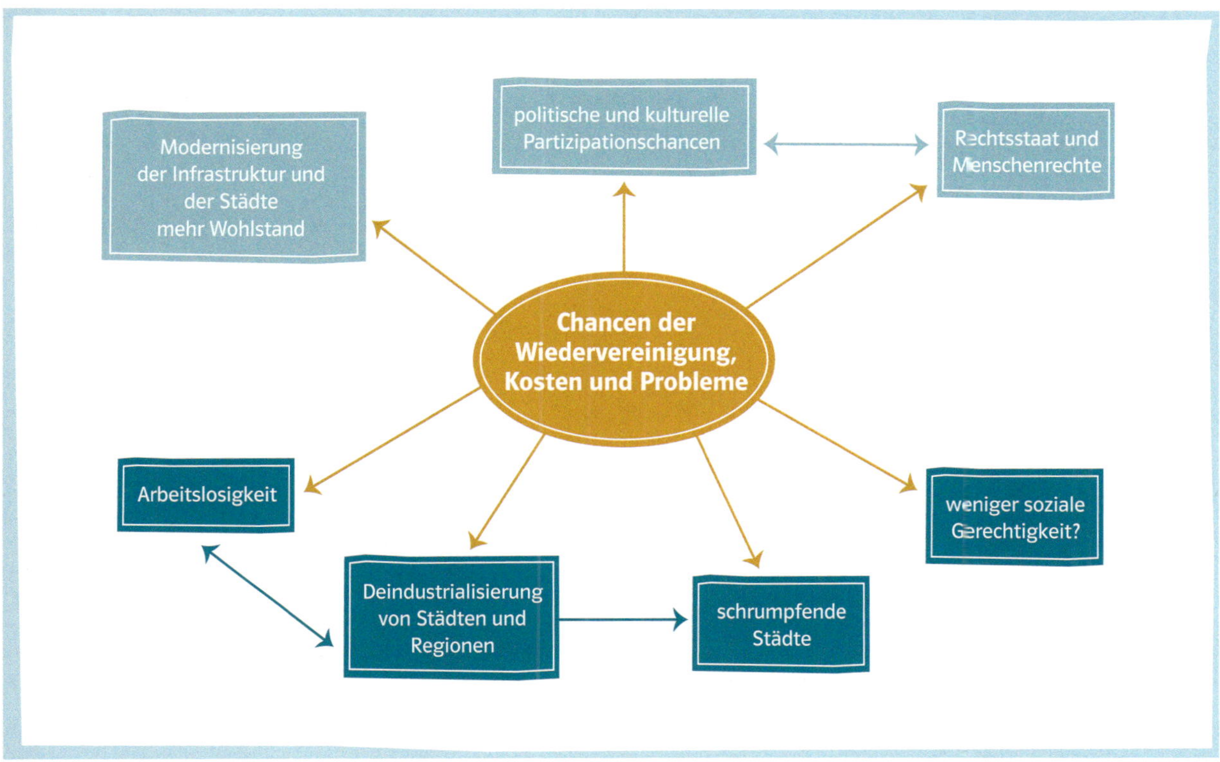

Einleitung – Operatoren im Fach Geschichte

Im Fach Geschichte verteilen sich die Leistungsanforderungen auf drei Anforderungsbereiche (AFB) mit gestuften, aufeinander aufbauenden Schwierigkeitsgraden:

- **Reproduktion (AFB I)**: geordnete, sinnvoll strukturierte Widergabe von historischen Sachverhalten
- **Reorganisation und Transfer (AFB II)**: selbstständige Erklärung und Erläuterung von historischen Sachverhalten unter Rückgriff auf gelernte Inhalte/Übertragung dieser Sachverhalte auf vergleichbare Zusammenhänge und Strukturen
- **Reflexion und Problemlösung (AFB III)**: Problematisierung, eigenständige Deutung, kritische Reflexion und begründete Bewertung von Quellenaussagen, Darstellungen und ihrer historischen Bedeutung

Diesen drei Bereichen sind in den Arbeitsanweisungen einer Klausur bestimmte Verben, sogenannte Operatoren, zugeordnet. Diese Operatoren signalisieren Ihnen, welche verschiedenen Elemente, Schritte, Fähigkeiten und Fertigkeiten von Ihnen bei der Lösung einer Aufgabe erwartet werden.

In einer Klausur werden alle drei Anforderungsbereiche – üblicherweise in drei Aufgaben – abgedeckt. Je nach Operator können diese sich überschneiden und verschiedene Lösungsschritte von Ihnen verlangen. Sie sollten die einzelnen Operatoren also identifizieren und dem jeweiligen Anforderungsbereich zuordnen können.

Die Funktion der einzelnen Spalten

Die Benennung des Operators bzw. der Gruppe von Operatoren.*	Diese Spalte gibt die offizielle Erläuterung für jeden Operator wieder.*	Hier werden die wesentlichen Anforderungen des jeweiligen Anforderungsbereichs zusammengefasst. Benannt werden auch die Leistungen, welche bei dem jeweiligen Anforderungsbereich nicht gefordert werden.

Anforderungsbereich I (Reproduktion)

	Operator	Erläuterung	für Leistungen im AFB I gilt allgemein
AFB I	**nennen, aufzählen**	zielgerichtet Informationen zusammentragen, ohne diese zu kommentieren	+ strukturierte, präzise, treffende Wiedergabe von Sachverhalten/Problemen/Aussagen + eigene Formulierungen verwenden + nur in vollständigen Sätzen formulieren + immer im Präsens formulieren – Verzicht auf Erläuterung (AFB II) oder Kommentierung (AFB III) der wiedergegebenen Informationen – Zitate nur in Ausnahmefällen bei besonders markanter Formulierung im Originaltext (die in Ausnahmefällen benutzten Zitate unbedingt kenntlich machen!)
	bezeichnen, schildern, skizzieren	historische Sachverhalte, Probleme oder Aussagen erkennen und zutreffend formulieren	
	aufzeigen, beschreiben, zusammenfassen, wiedergeben	historische Sachverhalte unter Beibehaltung des Sinns auf Wesentliches reduzieren	

* Quelle: Operatorenübersicht des Ministeriums für Schule und Weiterbildung des Landes Nordrhein-Wesfalen, Stand: 18.08.2006

Hier werden Ihnen klar gegliederte Arbeitsschritte zur Bearbeitung eines Arbeitsauftrags, der einen oder mehrere Operatoren aufgreift, vorgeschlagen.	Die Illustrationen sind Angebote, sich jeden Operator individuell merken zu können.

Arbeitsschritte	visuelle Merkhilfen
• Identifizieren Sie die in der Aufgabe genannten Informationen im Text anhand ihrer besonderen Merkmale. • Stellen Sie die Informationen zusammen und ordnen Sie sie.	1. 2. 3.
• Identifizieren Sie den historischen Sachverhalt/das historische Problem/die historische Aussage. • Schreiben Sie den betreffenden Sachverhalt/das Problem/die Aussage in eigenen Worten und logisch verknüpft auf. • Nennen Sie alle zum Sachverhalt gehörenden Fakten. *Begriffsklärung:* ***historischer Sachverhalt*** *= z. B. Die Gründung des Deutschen Kaiserreichs 1871* ***historisches Problem*** *= z. B. Soll Deutschland eine parlamentarische Demokratie oder eine Räterepublik werden (1918)?* ***historische Aussage*** *= z. B. „Niemand hat die Absicht, eine Mauer zu errichten." (Ulbricht 1961)*	
• Identifizieren Sie den historischen Sachverhalt. • Schreiben Sie den betreffenden Sachverhalt in eigenen Worten und logisch verknüpft auf. • Nennen Sie nur die unbedingt notwendigen Fakten. Beschränken Sie Ihre Beschreibung auf das Wesentliche. • Wiederholen Sie sich nicht.	

Anforderungsbereich II (Reorganisation und Transfer)

	Operator	Erläuterung	für Leistungen im AFB II gilt allgemein
AFB II	**analysieren, untersuchen**	Materialien oder historische Sachverhalte kriterienorientiert bzw. aspektgeleitet erschließen	+ kontinuierlich einen Bezug zur Quelle herstellen durch Textverweise, Zitate oder deutliche Bezüge zu den Aussagen des Autors + historische Informationen unter dem Blickwinkel der Quelle verarbeiten + eigenes Hintergrundwissen angemessen mit den Aussagen des Textes verknüpfen + zwischen Informationen, die im Kontext des Textes relevant sind und solchen, die es nicht sind, unterscheiden + davon ausgehen, dass der Leser nichts über den historischen Hintergrund weiß und ihm diesen dementsprechend erläutern – nicht auswendig Gelerntes abspulen – Verzicht auf Kommentierung (AFB III) der wiedergegebenen Informationen
	begründen, nachweisen	Aussagen (zum Beispiel Urteil, These, Wertung) durch Argumente stützen, die auf historischen Beispielen und anderen Belegen gründen	
	charakterisieren	historische Sachverhalte in ihren Eigenarten beschreiben und diese dann unter einem bestimmten Gesichtspunkt zusammenfassen	
	einordnen	einen oder mehrere historische Sachverhalte in einen historischen Zusammenhang stellen	
	erklären	historische Sachverhalte durch Wissen und Einsichten in einen Zusammenhang (Theorie, Modell, Regel, Gesetz, Funktionszusammenhang) einordnen und begründen	

	Arbeitsschritte	**visuelle Merkhilfen**
	• Stellen Sie zu dem Ihnen vorliegenden Material gezielt Fragen nach vorgegebenen oder eigenen Aspekten. • Suchen Sie nach wichtigen Merkmalen bzw. Antworten im Material. • Stellen Sie diese Merkmale bzw. Antworten strukturiert zusammen und legen Sie Ihre Ergebnisse dar. • Arbeiten Sie dadurch Strukturen im Bezug auf die Fragestellung heraus. • Begründen Sie die gewonnenen Ergebnisse gegebenenfalls.	
	• Fassen Sie die zu stützende Aussage kurz zusammen. • Suchen Sie nach wichtigen Merkmalen bzw. Antworten im Material. • Stützen und erläutern Sie diese durch Ihr Hintergrundwissen.	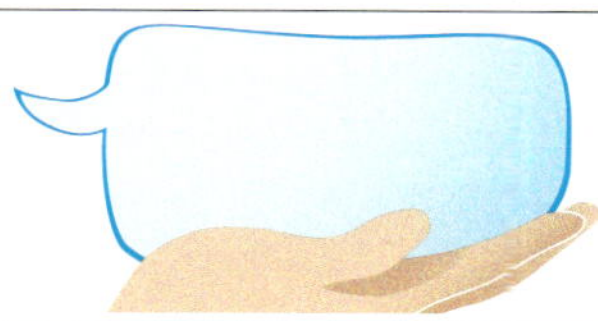
	• Nennen Sie den zu charakterisierenden Sachverhalt. • Suchen Sie im Material nach Merkmalen, Eigenarten oder Informationen, die den Sachverhalt beschreiben. • Ordnen Sie diese Merkmale, Eigenarten oder Informationen und fassen Sie sie systematisch unter bestimmten Gesichtspunkten zusammen. • Arbeiten Sie abschließend individuelle typische Wesenszüge des Sachverhalts heraus.	
	• Nennen Sie den einzuordnenden Sachverhalt und die zugehörigen, im Material enthaltenen Informationen. • Stellen Sie im engeren und weiteren historischen Zusammenhang Ihre Kenntnisse zum Sachverhalt dar. • Zeigen Sie, wie diese Kenntnisse sich zu den im Text gegebenen Informationen verhalten, bezüglich Wortwahl, Vollständigkeit, Wertung der Darstellung etc. • Ziehen Sie aus diesem Verhältnis von Ihren Kenntnissen und den Informationen im Text Schlüsse über den Aussagewert der Quelle und über ihren Verfasser.	
	• Geben Sie den zu erklärenden Sachverhalt und die zugehörigen, im Material enthaltenen Informationen kurz und strukturiert wieder. • Ordnen Sie diesen historischen Sachverhalt durch Ihr Hintergrundwissen in einen Zusammenhang ein. • Begründen Sie, warum Sie den historischen Sachverhalt in diesen Zusammenhang eingeordnet haben. • Erkennen Sie Unterschiede in der Darstellung des Sachverhalts in der Quelle im Verhältnis zu Ihrem Verständnis des Sachverhalts. • Ziehen Sie hieraus Schlüsse über den Aussagewert der Quelle und über ihren Verfasser.	

	Operator	Erläuterung	für Leistungen im AFB II gilt allgemein
AFB II	**erläutern**	wie Operator „erklären", aber durch zusätzliche Informationen und Beispiele verdeutlichen	→ s. S. 66
	herausarbeiten	aus Materialien bestimmte historische Sachverhalte herausfinden, die nicht explizit genannt werden, und Zusammenhänge zwischen ihnen herstellen	
	gegenüberstellen	wie Operator „skizzieren", aber zusätzlich argumentierend gewichten	
	widerlegen	Argumente dafür anführen, dass eine Behauptung zu Unrecht aufgestellt wird	

Anforderungsbereich III (Reflexion und Problemlösung)

	Operator	Erläuterung	für Leistungen im AFB III gilt allgemein
AFB III	**beurteilen**	den Stellenwert historischer Sachverhalte in einem Zusammenhang bestimmen, um ohne persönlichen Wertebezug zu einem begründeten Sachurteil zu gelangen	→ s. S. 70
	bewerten, Stellung nehmen	wie Operator „beurteilen", aber zusätzlich mit Offenlegen und Begründen eigener Wertmaßstäbe, die Pluralität einschließen und zu einem Werturteil führen, das auf den Wertvorstellungen des Grundgesetzes basiert	

	Arbeitsschritte	visuelle Merkhilfen
	• wie Operator „erklären", zusätzlich: • Gestalten Sie Ihre Erläuterung ausführlicher, indem Sie sie mit Beispielen und detaillierter dargelegten Informationen weiter anreichern.	
	• Geben Sie den herauszuarbeitenden Sachverhalt kurz wieder. • Suchen Sie die direkt genannten und indirekt angedeuteten im Material enthaltenen Informationen bzw. Aussagen hierzu. • Erläutern Sie die Zusammenhänge, zum Beispiel Intentionen oder politische Grundhaltungen mithilfe Ihres Hintergrundwissens.	
	• wie Operator „skizzieren", zusätzlich: • Charakterisieren Sie beide Sachverhalte/Probleme/Aussagen in strukturierter Weise jeweils nach den im Text enthaltenen Informationen. • Erläutern Sie diese Informationen auf der Basis Ihres Hintergrundwissens.	
	• Fassen Sie den zu widerlegenden Sachverhalt/die Aussage kurz zusammen. • Suchen Sie nach passenden Aspekten im Material hierzu und stellen Sie diese kurz dar. • Zeigen Sie, gestützt auf Ihr mit Beispielen angereichertes Hintergrundwissen, dass die Grundaussage falsch bzw. zu Unrecht aufgestellt ist.	

	Arbeitsschritte	visuelle Merkhilfen
	• Stellen Sie zu dem Ihnen vorliegenden Material gezielt Fragen nach vorgegebenen oder eigenen Kriterien oder Aspekten. • Suchen Sie nach wichtigen Merkmalen bzw. Antworten im Material. • Stellen Sie diese Merkmale bzw. Antworten strukturiert zusammen und legen Sie Ihre gewonnenen Ergebnisse dar. • Arbeiten Sie dadurch Strukturen im Bezug auf die Fragestellung heraus. • Begründen Sie die gewonnenen Ergebnisse gegebenenfalls.	
	• wie Operator „beurteilen", zusätzlich: • Ordnen Sie den Sachverhalt/die Hypothese etc. in ein ethisches Wertesystem begründend ein. • Treffen Sie eine Unterscheidung zwischen dem Wertesystem der Entstehungszeit des Textes und der Zeit, in der Sie verhaftet sind. • Vertreten Sie eine eigene, nach vorgegebenen oder selbst gewählten, begründeten Normen betont subjektiv formulierte Ansicht.	

	Operator	Erläuterung	für Leistungen im AFB III gilt allgemein
AFB III	**entwickeln**	gewonnene Analyseergebnisse synthetisieren, um zu einer eigenen Deutung zu gelangen	+ Fragen und Problemstellungen begründet bewerten + Argumentationsstrategien in Texten erkennen und bewerten + Beziehungen herstellen (zum Beispiel die in einem Text vertretenen Positionen in umfassendere, theoretische Zusammenhänge stellen) + eine eigene strukturierte, multiperspektivische und problembewusste historische Argumentation entfalten + ein eigenes Urteil bilden und vertreten + die eigene Urteilsbildung unter Beachtung historischer bzw. gegenwärtiger moralischer und normativer Kategorien reflektieren + Präsentation von selbstständigen Lösungen, Deutungen, Bewertungen, eigenständigen Argumentationen, Folgerungen, Begründungen und Wertungen
	sich auseinandersetzen, diskutieren	zu einer historischen Problemstellung oder These eine Argumentation entwickeln, die zu einer begründeten Bewertung führt	
	(über)prüfen	Aussagen (Hypothesen, Behauptungen, Urteile) an historischen Sachverhalten auf ihre Angemessenheit hin untersuchen	
	vergleichen	auf der Grundlage von Kriterien historische Sachverhalte problembezogen gegenüberstellen, um Gemeinsamkeiten, Unterschiede, Teil-Identitäten, Ähnlichkeiten, Abweichungen oder Gegensätze zu beurteilen	

Arbeitsschritte	visuelle Merkhilfen
• Geben Sie den zu diskutierenden Sachverhalt/die Hypothese/die Behauptung/die Meinung/das Urteil/die Wertung sehr kurz wieder. • Geben Sie Ihre zuvor gewonnenen Analyseergebnisse kurz wieder. • Entwickeln Sie eine eigene Bewertung/eigene Kategorien/eigene Begrifflichkeiten, die über das im Unterricht Erarbeitete hinausgehen. • Gründen Sie Ihre Bewertung auf Hintergrundwissen und Forschungsergebnissen zur Problemstellung, wobei eigene und fremde Lösungsansätze deutlich zu kennzeichnen sind.	
• Geben Sie den zu diskutierenden Sachverhalt/die Hypothese/die Behauptung/die Meinung/das Urteil/die Wertung sehr kurz wieder. • Nennen Sie verschiedene Positionen der wissenschaftlichen Fachdiskussion. • Nennen Sie auf dieser Basis differenziert Argumente für und gegen die historische Problemstellung oder These (Aufbau der Argumentation dialektisch oder steigernd). • Prüfen Sie die Argumente kritisch auf innere Logik und auf der Grundlage Ihrer historischen Kenntnisse. • Wägen Sie zwischen den Positionen der wissenschaftlichen Fachdiskussion begründet und sorgfältig ab. • Formulieren Sie eine auf der Grundlage Ihrer fachlichen Kenntnisse und Einsichten beruhende, wertende, widerspruchsfreie Einschätzung und fällen Sie ein ausgewogenes Urteil.	
• Geben Sie die zu prüfenden Aussagen kurz wieder. • Prüfen Sie die Aussagen kritisch auf innere Logik und auf der Grundlage Ihrer historischen Kenntnisse. • Nennen Sie die von Ihnen herangezogenen Kriterien zur sachlichen Beurteilung. • Treffen Sie Aussagen über die Richtigkeit, Angemessenheit, Wahrscheinlichkeit, Zumutbarkeit, Anwendbarkeit der Aussagen. • Formulieren Sie abschließend eine in der Sache objektive und begründete Ansicht zu dem Sachverhalt/der Hypothese usw.	
• Geben Sie die zu vergleichenden historischen Sachverhalte wieder. • Nennen Sie die eigenen/vorgegebenen Vergleichsaspekte. • Trennen Sie wesentliche von unwesentlichen Vergleichsaspekten. • Stellen Sie gleiche, ähnliche und unterschiedliche Merkmale der zu vergleichenden Sachverhalte heraus. • Formulieren Sie eine abschließende Einschätzung zum Beispiel zur Vergleichbarkeit der Phänomene, zur Analyseleistung, zur Machbarkeit des Vergleichs.	

Arbeitsschritte zur Interpretation von Textquellen

Analyse

Erschließung des Themas sowie der formalen Aspekte

1. Um welche **Textart** handelt es sich (Rede, Gesetz, Tagebucheintrag, Vertrag, Urkunde, Biografie, Akte, Zeitungsartikel, Inschrift, Brief usw.)?
2. Wer ist der **Verfasser** der Quelle und was ist über diesen bekannt?
3. Was ist das **Thema** der Quelle?
4. In welchen **historischen Kontext** (Epoche, Ereignis, Prozess, Konflikt) lässt sich die Quelle einordnen?
5. Wer ist der **Adressat** bzw. sind die Adressaten (Volk, Privatperson, Gruppe, Öffentlichkeit, Machthaber, Nachwelt, Institution usw.)?

Erschließung des Inhalts und der verwendeten Darstellungsmittel

1. Benennen Sie interpretations- und wertungsfrei und nach Sinnabschnitten gegliedert die **zentralen inhaltlichen Aspekte** und **Argumente** der Quelle.
2. Benennen und erläutern Sie (falls vorhanden) die **Schlüsselbegriffe** der Quelle.
3. ! Welcher **Art von Sprache** bedient sich der Verfasser (sachlich, polemisch, appellativ, argumentativ, manipulierend usw.) und **welche rhetorischen Mittel** (Metaphern, Antithesen, Anaphern, Tautologien usw.) setzt er ein?

Erläuterung

Deutung der Aussage im historischen Kontext

1. Welche **Bedeutung** tragen die Art der Sprache und die rhetorischen Mittel?
2. ! Welche **Funktion** hatte der Text (didaktisch, religiös, aufklärend, sozial, rechtlich, propagandistisch)?
3. Was war die **Intention** des Verfassers? Welcher **Eindruck** sollte beim zeitgenössischen Leser bzw. Zuhörer erzielt werden?
4. Ist ein **Vergleich** mit anderen textlichen oder bildlichen Quellen möglich, und wenn ja, mit welchen?
5. Welche Rolle muss der **Entstehungszeit der Quelle** zugemessen werden?

Beurteilung

Abgabe eines begründeten persönlichen Werturteils

1. Handelt es sich um eine **historisch authentische Quelle**, und anhand welcher Kriterien lässt sich das beurteilen?
2. Wie verhält es sich mit der **Glaubwürdigkeit des Verfassers**?
3. Ist die **Wiedergabe** des historischen Sachverhalts durch den Text aus heutiger Sicht sachlich angemessen, und anhand welcher Kriterien lässt sich das beurteilen?
4. Verfassen Sie aus heutiger Sicht ein **begründetes Werturteil** zur Darstellung des geschilderten historischen Sachverhalts.

! *Diesen Abschnitt sollten Sie sich besonders einprägen, da er nur bei dieser Quellengattung existiert.*

Arbeitsschritte zur Interpretation von Darstellungen

Analyse

Erschließung des Themas sowie der formalen Aspekte

1. Um welche **Darstellungsart** handelt es sich (fachwissenschaftliche oder populärwissenschaftliche Darstellung)?
2. Wer ist der **Verfasser** der Darstellung und was ist über diesen bekannt?
3. Was ist das **Thema** der Darstellung?
4. In welchen **historischen Kontext** (Epoche, Ereignis, Prozess, Konflikt) lässt sich die Darstellung einordnen?
5. Wer ist der **Adressat** bzw. sind die Adressaten (Fachpublikum oder interessierte Laien/Schüler)?

Erschließung des Inhalts und der verwendeten Darstellungsmittel

1. Benennen Sie interpretations- und wertungsfrei und nach Sinnabschnitten gegliedert die **zentralen inhaltlichen Aspekte** und **Argumente** der Darstellung.
2. Mit welchen **Quellen/Belegen** stützt der Verfasser seine Argumente?
3. Benennen und erläutern Sie (falls vorhanden) die **Schlüsselbegriffe** der Darstellung.
4. Welcher **Art von Sprache** bedient sich der Verfasser und **welche rhetorischen Mittel** setzt er ein?

Erläuterung

Deutung der Aussage im historischen Kontext

1. Welche **Bedeutung** tragen die Art der Sprache und die rhetorischen Mittel?
2. Welche **Funktion** hat die Darstellung (didaktisch, problematisierend, dokumentarisch, wissenschaftlich, aufklärend)?
3. Was ist die **Intention** des Verfassers? Welcher **Eindruck** soll beim Leser bzw. Zuhörer erzielt werden?
4. Ist ein **Vergleich** mit anderen Darstellungen möglich, und wenn ja, mit welchen?
5. Welche Rolle muss der **Entstehungszeit der Darstellung** zugemessen werden?

Beurteilung

Abgabe eines begründeten persönlichen Werturteils

1. Sind die vom Verfasser hinzugezogenen **Quellen angemessen**, und anhand welcher Kriterien lässt sich das beurteilen?
2. Wie verhält es sich mit der **Objektivität des Verfassers**?
3. Ist die **Wiedergabe** des historischen Sachverhalts durch die Darstellung aus heutiger Sicht sachlich angemessen, und anhand welcher Kriterien lässt sich das beurteilen?
4. Verfassen Sie aus heutiger Sicht ein **begründetes Werturteil** zur Darstellung des geschilderten historischen Sachverhalts.

Arbeitsschritte zur Interpretation von Bildquellen

Analyse

Erschließung des Themas sowie der formalen Aspekte

1. Um welche **Gattung** bzw. Art von Bild handelt es sich (Gemälde, Fotografie, Lithografie, Zeichnung, Holzschnitt usw.)?
2. ! Wer ist der **Urheber** bzw. der **Auftraggeber**? Was ist über diesen/diese bekannt?
3. Was ist das **Thema** des Bilds? Wie lautet der **Titel**?
4. In welchen **historischen Kontext** (Epoche, Ereignis, Prozess, Konflikt) lässt sich das Bild einordnen?
5. Wer ist der **Adressat** bzw. sind die Adressaten (Volk, Privatperson, Gruppe, Öffentlichkeit, Machthaber, Nachwelt, Institution)?
6. ! Handelt es sich um ein **Einzelbild** oder um den Bestandteil einer **Bildreihe**?

Erschließung der Inhalte und der verwendeten Darstellungsmittel

1. ! Welche **Bildelemente** sind zu erkennen (Personen, Orte, Gegenstände, Landschaften, Symbole), und wie sind diese dargestellt (Mimik, Gestik, Kleidung)?
2. ! Für welche Elemente der **Bildgestaltung** (Bildkomposition, Proportionen, Perspektive, Beziehungen der Elemente untereinander, Farbgebung, Kontraste, Lichtführung, Linien, Raum, Einstellung, Ausschnitt, Schrift) hat sich der Urheber entschieden?
3. ! Gab es **spätere Veränderungen** oder **Manipulationen** (Retuschen, Verfälschungen, Beschnitt), und wenn ja, welche?

Erläuterung

Deutung der Aussage im historischen Kontext

1. Welche **Aussagen** transportieren die Bildelemente und Gestaltungselemente?
2. Welche **Funktion** hatte das Bild (didaktisch, religiös, aufklärend, dokumentarisch, propagandistisch usw.)?
3. Was war die **Intention** des Urhebers? Welcher **Eindruck** sollte beim zeitgenössischen Betrachter erzielt werden?
4. Ist ein **Vergleich** mit anderen bildlichen und textlichen Quellen möglich, und wenn ja, mit welchen?
5. Welche Rolle muss der **Entstehungszeit des Bilds** zugemessen werden?

Beurteilung

Abgabe eines begründeten persönlichen Werturteils

1. Ist das Bild **repräsentativ** für seine Zeit, und anhand welcher Kriterien lässt sich das beurteilen?
2. Ist die **Wiedergabe** des historischen Sachverhalts durch das Bild annähernd realistisch oder künstlerisch frei, und anhand welcher Kriterien lässt sich das beurteilen?
3. Verfassen Sie aus heutiger Sicht ein **begründetes Werturteil** zur Darstellung des gezeigten historischen Sachverhalts.

Arbeitsschritte zur Interpretation von Karikaturen

Analyse

Erschließung des Themas sowie der formalen Aspekte

1. Welcher **darstellerische Karikaturentyp** ist zu sehen (Sachkarikatur, personale Typenkarikatur, personale Individualkarikatur)?
2. Welcher **inhaltliche Karikaturentyp** ist zu sehen (Ereignis-, Prozess-, Zustandskarikatur)?
3. Wer ist der **Urheber** bzw. der **Auftraggeber**? Was ist über diesen/diese bekannt?
4. Was ist das **Thema** der Karikatur? Wie lautet der **Titel** bzw. Untertitel?
5. In welchen **historischen Kontext** lässt sich die Karikatur einordnen?
6. Wer ist der **Adressat** bzw. sind die Adressaten?

Erschließung des Inhalts und der verwendeten Darstellungsmittel

1. Welche **Bildelemente** sind zu erkennen (Personen, Orte, Gegenstände, Details, Schrift) und wie sind diese dargestellt (Mimik, Gestik, Kleidung, Symbole)?
2. Für welche Elemente der **Bildgestaltung** hat sich der Urheber entschieden?
3. Welche **Darstellungsmittel** wurden verwendet: Zitate, Metaphern (gezeichnete Vergleiche), Personifizierungen (Vermenschlichung einer Idee oder Sache), Allegorien (personifizierende oder gegenständliche Darstellung eines abstrakten Sachverhalts), Hyperbeln (Übertreibungen)?

Erläuterung

Deutung der Aussage im historischen Kontext

1. Welches **Problem** wird in der Karikatur dargestellt bzw. welcher Widerspruch wird in ihr aufgedeckt?
2. Welche **Bedeutung** tragen der Titel bzw. der Untertitel sowie die Schriftelemente?
3. Wie ist das **Umfeld des Erscheinens** (Flugblatt, Zeitung usw.) zu bewerten?
4. Welche **Aussagen** transportieren die Bildelemente und Gestaltungselemente?
5. Welchem **politisch-ideologischen Standpunkt** lässt sich der Inhalt der Karikatur zuordnen?
6. Was war die **Botschaft** des Urhebers bzw. Auftraggebers? Welcher **Eindruck** sollte beim zeitgenössischen Betrachter erzielt werden?
7. Ist ein **Vergleich** mit anderen bildlichen und textlichen Quellen möglich, und wenn ja, mit welchen?

Beurteilung

Abgabe eines begründeten persönlichen Werturteils

1. Ist die Karikatur **repräsentativ** für ihre Zeit, und anhand welcher Kriterien lässt sich das beurteilen?
2. Gelingt dem Urheber mithilfe der verwendeten Darstellungsmittel die **Vermittlung** seiner intendierten Botschaft an die Adressaten?
3. Verfassen Sie aus heutiger Sicht ein **begründetes Werturteil** zur Darstellungsweise des karikierten historischen Sachverhalts.

Übersichtsgrafiken

Übersicht: Demokratische Errungenschaften am Vorabend der Weimarer Verfassung 1919

Zeit	liberale und demokratische Erfahrungen	konservative und obrigkeitsstaatliche Erfahrungen
Mittelalter	Partizipation von Bürgern auf lokaler Ebene (z. B. Stadtrat, Bürgermeister)	Ständestaat, Königs-/Adelsherrschaft
nach 1806	Verfassungen in einigen deutschen Staaten: Gleichheit vor dem Gesetz	meiste deutsche Fürsten herrschten obrigkeitsstaatlich
ab 1815	landständische Verfassungen in Mitgliedsstaaten des Deutschen Bundes: Grundrechte	Restauration nach dem Wiener Kongress monarchisches Prinzip Neoabsolutismus in Preußen und Österreich
nach 1830	liberalere Verfassungen in einigen deutschen Staaten	
1848/49	Revolution: Märzforderungen, Märzminister Paulskirche – Grundrechte Verfassung für „Kleindeutschland“	konstitutionelle Monarchie
ab 1849	wenige Errungenschaften unumkehrbar (z. B. Bauernbefreiung), einzelne liberale Reformen in Einzelstaaten (z. B. Bayern)	Scheitern der Paulskirchenverfassung Gegenrevolution Grundrechte aufgehoben Dreiklassenwahlrecht in Preußen Verfassungen in Einzelstaaten revidiert bzw. ganz aufgehoben
um 1860	Anfänge eines differenzierten Parteiensystems	
nach 1862		autoritärer Regierungsstil Bismarcks in Preußen gegen Verfassung und öffentliche Meinung kleindeutsche Einigung von oben
nach 1871	Grundrechte (wenn auch nur einfaches Gesetz) demokratisches (Männer-)Wahlrecht Einfluss von öffentlicher Meinung und Reichstag auf Regierungspolitik wächst (Presse, Verbände!)	Reichsverfassung: konstitutionelle Monarchie Rolle von alten Eliten / Militär, Privilegien in Ländern z. T. undemokratisches Wahlrecht
nach 1888	wachsender Einfluss des Parlaments auf die Regierungspolitik SPD-Programm fordert Frauenwahlrecht	„persönliches Regiment“ Wilhelms II. Propaganda (Außenpolitik!)
1914–1918	Kriegserfahrung als Unrecht / Irrsinn: Leid auf beiden Seiten (Mit-)Schuld des Obrigkeitsstaates Erkenntnis der Niederlage Ende des „Burgfriedens“ Ende 1918 Parlamentarisierung der Reichsverfassung	Vorstellung vom „gerechten“ Krieg: Nationalismus „Notwehr“, „Ehre“ Niederlage „unverdient“, „Dolchstoß“ „Revision von Versailles“ mit allen Mitteln Kriegsdiktatur

Versailler Vertrag

28. Juni 1919

Der Vertrag

Voraussetzungen:
- Räumung der besetzten Gebiete in Frankreich, Belgien und Luxemburg
- Rückzug der Armee hinter den Rhein
- Besetzung des linken Rheinufers
- sofortige Freilassung aller alliierten Kriegsgefangenen
- Rückzug aus dem besetzten Ostgebiet
- Abrüstung der gesamten Hochseeflotte
- Übergabe von Kanonen, Flugzeugen, Maschinengewehren, LKWs, Eisenbahnen und Eisenbahnwagen

Schuldfrage:
- durch Art. 231 werden Deutschland und seine Verbündeten zur Anerkennung ihrer Alleinschuld für den Ausbruch des Weltkrieges gezwungen
- alleinige Zahlung Deutschlands für alle aus diesem Krieg resultierenden Verluste, Ausgaben und Schulden
- moralische Wirkung der Diffamierung auf das deutsche Volk
- „Dolchstoßlegende"

28.09.1918
Waffenstillstandsgesuch der deutschen Heeresleitung

11.11.1918
Unterzeichnung des Waffenstillstandes

18.01.1919
Eröffnung des Pariser Friedenskongresses

07.05.1919
die deutsche Delegation erhält das fertige Vertragswerk

Die alliierten und assoziierten Regierungen erklären, und Deutschland erkennt an, dass Deutschland und seine Verbündeten als Urheber für alle Verluste und Schäden verantwortlich sind, die die alliierten und assoziierten Regierungen und ihre Staatsangehörigen infolge des ihnen durch den Angriff Deutschlands und seiner Verbündeten aufgezwungenen Krieges erlitten haben.

Artikel 231, Versailler Vertrag

Auswirkungen

Bestimmungen:
- Aufhebung der allgemeinen Wehrpflicht und Beschränkungen des Landheeres auf 100 000 Mann (zehn Divisionen)
- Verbot schwerer Waffen und U-Boote sowie einer Luftwaffe
- Kriegsmarine wird auf ein Minimum von 36 Schiffen reduziert
- Handelsflotte soll den Alliierten übergeben werden
- Reparationen umfassen finanzielle Zahlungen von 226 Mrd. RM, Rohstoffe (Kohle) und Sachwerte (Maschinen, Transportmittel, Farbstoffe, Chemikalien, Vieh etc.)
- Auslieferungsverlangen des Kaisers und weiterer prominenter Personen als Kriegsverbrecher an die Siegermächte
- Wirtschaftsbeschränkungen

Gebietsabtretungen:
- Elsass-Lothringen → Frankreich
- Posen und Westpreußen → Polen
- Memelland → Litauen
- Hultschiner Ländchen → Tschechoslowakei
- Eupen-Malmedy → Belgien
- Nordschleswig → Dänemark
- Danzig → freie Stadt, Völkerbund
- Saargebiet → 15 Jahre unter Völkerbundverwaltung, frz. besetzt
- alle Kolonien → Umwandlung in Mandatsgebiete verschiedener alliierter Staaten unter Völkerbundkontrolle
- Rheinprovinz und Rheinpfalz fallen unter alliierte Kontrolle
- Gebietsverlust: 13 % – 72 068 km²
- Bevölkerungsverlust: 10 % – 6,451 Mio.

29.05.1919
deutsche Gegenvorschläge → Ablehnung

16.06.1919
Festlegung des Vertragswerkes

22.06.1919
Annahme des Friedensvertrages

28.06.1919
Unterzeichnung des Vertrages in Versailles

20.01.1920
Vertrag tritt in Kraft

Übersicht: Deutsche Außenpolitik 1871–1989

	Bismarck'sche Außenpolitik 1871–1890	Wilhelminische Außenpolitik 1890–1918	Weimarer Republik 1919–1933	NS-Deutschland 1933–1945
Leitideen	Isolationspolitik gegenüber Frankreich	Deutschland als Weltmacht	Revisionspolitik	Revisionspolitik
	Verhinderung 2-Fronten-Konfrontation	deutscher Imperialismus	Rehabilitation Deutschlands	Lebensraumpolitik
		Kolonialpolitik		Weltmachtsanspruch
Eckdaten	Dreikaiserabkommen 1873	Nichtverlängerung des Rückversicherungsvertrages 1890	Vertrag von Rapallo 1922	Deutschland tritt aus Völkerbund aus 1933
	Kissinger Diktat 1877	Zweibund Frankreich-Russland 1894	Ruhrbesetzung 1923	Wiederaufrüstung seit 1935
	Berliner Kongress 1878	Beginn der deutschen Seerüstung (Flottengesetz) 1898	Dawes-Plan 1924	Aufkündigung des Locarno-Pakts, Rheinlandbesetzung 1936
	Zweibund 1879	Entente Cordiale (Frankreich-Großbritannien) 1904	Vertrag von Locarno 1925	„Anschluss" Österreichs 1938
	Dreibund 1882	Schlieffenplan 1905	Aufnahme Deutschland in Völkerbund 1926	Münchner Abkommen 1938
	Rückversicherungsvertrag 1887	Interessensausgleich und Annäherung Großbritannien-Russland (1907)	Young-Plan 1929	„Hitler-Stalin-Pakt" 1939
Folgen	Etablierung des geeinten Deutschlands als neue Macht	Deutschland wird zur imperialen Wirtschaftsmacht	Deutschland teilweise rehabilitiert	Vollständige Revision des Versailler Vertrages
	Isolation Frankreichs	Verschärfung der Kolonialkonflikte	Minderung der Reparationszahlung	2. Weltkrieg
	Verträge mit konservativen Mächten Russland und Österreich-Ungarn	Annäherung Großbritannien-Frankreich-Russland	Kooperation mit Sowjetrussland	
	gute Beziehungen zu Großbritannien	1. Weltkrieg		
Probleme	widersprüchliche Verträge	Flottenrüstung belastet deutsch-britisches Verhältnis	Widerstand Frankreichs	britische Appeasementpolitik
	geheime Kabinettpolitik im zunehmenden Widerspruch zu Einfluss von Verbänden und Öffentlichkeit	wachsende wirtschaftliche Rivalitäten Deutschland mit Großbritannien und Russland	deutsch-polnischer Gegensatz	Ideologienrivalität Liberalismus-Faschismus-Kommunismus
		zunehmende Radikalisierung von Nationalismus		

Entwurf: Andreas Wieltsch (Wiesbaden), redaktionell überarbeitet und ergänzt

frühe BRD 1949–1969	**frühe DDR 1949–1971**	**spätere BRD 1969–1989**	**spätere DDR 1971–1989**
Alleinvertretungsanspruch	internationale Anerkennung als eigenständiger Staat	neue Ostpolitik	Abgrenzung zur BRD als zweiter deutscher Staat
Wiedervereinigung	Weitgehende Anlehnung an sowjetischer Außenpolitik	Entspannungspolitik	Weitgehende Anlehnung an sowjetischer Außenpolitik
Westintegration	Ostintegration	Westintegration	Ostintegration
	Kooperation mit entkolonialisierten afrikanischen und asiatischen Staaten		Kooperation mit afrikanischen und asiatischen Staaten sowie der arabischen Welt
Beitritt Montanunion (EGKS) 1951	Beitritt zum Rat für gegenseitige Wirtschaftshilfe 1950	Moskauer Vertrag 1970	Grundlagenvertrag 1972
Ablehnung Stalin-Note 1952	Gründungsmitglied des Warschauer Paktes 1955	Warschauer Vertrag 1970	Aufnahme in die UNO 1973
Beitritt zur NATO 1955	Staatsbesuch in der Vereinigten Arabischen Republik 1965 → staatliche Anerkennung durch viele „blockfreie“ Staaten	Vier-Mächte-Abkommen 1971	KSZE 1975
Beitritt zur EWG 1957		Grundlagenvertrag 1972	
		Aufnahme in die UNO 1973	
		KSZE 1975	
„Wirtschaftswunder“	Enge wirtschaftliche, militärische und politische Verflechtung mit der sowjetischen Politik	„Wandel durch Angleichung“	friedliche Koexistenz
schärfere Blockbildung	schärfere Blockbildung		zunehmende internationale Anerkennung
Hallstein-Doktrin 1955	Ulbricht-Doktrin 1967		
Wiedervereinigung wird unwahrscheinlicher	Wiedervereinigung wird unwahrscheinlicher	konservativer Widerstand gegen neue Ostpolitik	wachsende ökonomische Probleme
			wachsende Oppositionstendenzen

Übersicht: Die Friedensschlüsse 1648, 1814/15, 1919 und 1945 im Vergleich

	1644–1648	1814/15	1919/20	1945 (Deutschland)	1945 (Europa)	1945 (Japan)
Teilnehmer	Teilnahme aller am Konflikt beteiligten Mächte als gleichberechtigte Verhandlungspartner	Teilnahme aller am Konflikt beteiligten Mächte als gleichberechtigte Verhandlungspartner	Verhandlungen der Siegermächte, Ausschluss der besiegten Mächte	Zusammenkunft der Siegermächte	Teilnahme der Siegermächte und des jeweiligen Verliererstaates (diese hatten meist 1943/44 die Seite gewechselt)	Zusammenkunft der Siegermächte, Besiegte teilweise als Verhandlungspartner integriert
Ziel	Suche nach Kompromissen zur Herstellung einer stabilen Friedensordnung, Interessensausgleich der wichtigste Mächte	Suche nach Kompromissen zur Herstellung einer stabilen Friedensordnung, Interessensausgleich der wichtigste Mächte	Suche nach Kompromissen zwischen den Siegermächten, Aufbau einer stabilen Friedensordnung, dauerhafte Eindämmung deutscher Machtambitionen	Suche nach Kompromissen zwischen den Siegermächten	Suche nach Kompromissen zwischen den Siegermächten vor dem Hintergrund des sich abzeichnenden Ost-West-Gegensatzes	Suche nach Kompromissen zwischen den Siegermächten
Schuldfrage	moralische Kategorien wurden nicht berücksichtigt, Schuldzuweisungen verhandelt	moralische Kategorien wurden nicht berücksichtigt, Schuldzuweisungen verhandelt	moralische Kategorien als Teil des Völkerrechts einbezogen, Schuldfrage integraler Bestandteil der Friedensverträge (alleinige Schuld der besiegten Mächte)	moralische Kategorien als Teil des Völkerrechts einbezogen	moralische Kategorien als Teil des Völkerrechts einbezogen	moralische Kategorien als Teil des Völkerrechts einbezogen
Garantiemächte	zwei Mächte	fünf Hauptmächte	45 Staaten (Völkerbund)	–	alliierte Siegermächte	„westliche" Siegermächte
Schicksal der besiegten Mächte bzw. deren Staatsoberhäupter	Staatsoberhäupter bleiben als souveräne Fürsten unangetastet	Absetzung und Verbannung des franz. Kaisers sowie der von ihm eingesetzten Fürsten (Westfalen, Neapel etc.)	teilweise Absetzung und Flucht, teilweise Rücktritt	Führungspersonen begehen Selbstmord, fliehen ins Exil oder werden verurteilt, Deutsches Reich zerfällt, 1949 Gründung zwei neuer Staaten (BRD, DDR)	Absetzung, teilweise Flucht ins Exil, teilweise Anklage durch Nachfolgeregierung als Kriegsverbrecher	Absetzung, japanischer Kaiser muss jegliche politische Funktion abgeben